Hans-Christoph Piper

Einladung zum Gespräch

Themen der Seelsorge

Mit 4 Abbildungen

Vandenhoeck & Ruprecht
in Göttingen

Die Deutsche Bibliothek – CIP-Einheitsaufnahme

Piper, Hans-Christoph:
Einladung zum Gespräch: Themen der Seelsorge/Hans-Christoph
Piper. – Göttingen: Vandenhoeck und Ruprecht, 1998
ISBN 3-525-60400-9

Umschlagabbildung: Ernst Barlach, Selig sind die Barmherzigen.
1916, Kohlezeichnung. Später hat Barlach dasselbe Motiv „Tröstung"
genannt.

Gesetzt aus Sabon
Satz: Dörlemann Satz, Lemförde
Druck und Bindearbeit: Hubert & Co., Göttingen

Inhalt

Für Wildrik und Nicola

Vorwort

Dieser Band umfaßt verstreute Aufsätze zur Seelsorge aus anderthalb Jahrzehnten. Ursprünglich waren sie fast alle Vorträge, und zwar für die unterschiedlichsten Hörer und Hörerinnen. Es sind Vorträge vor Gemeinden, vor Pfarrkonferenzen, vor einer Synode gewesen, aber auch vor Vertretern von Kirchenleitungen und Universitäten, und schließlich vor Theologinnen und Theologen in der ehemaligen DDR. Viele aus dieser Reihe sind auch in meine Göttinger Seelsorge-Vorlesungen eingegangen. Die sich anschließenden Diskussionen haben die schriftliche Form mit beeinflußt. Für diese Sammlung sind sie fast ausnahmslos noch einmal stilistisch und inhaltlich bearbeitet worden.

Ich habe mich bemüht, den vorliegenden Kapiteln eine Fassung zu geben, die nicht nur von Theologen und Theologinnen, sondern auch von Diakoninnen und Diakonen und von interessierten Gemeindegliedern (die vielleicht in der Krankenseelsorge oder in der Telefon-Seelsorge mitarbeiten) gelesen werden können. Das Votum der Professoren in meinem Amsterdamer Studienjahr (1954/55), welche für schriftliche theologische Arbeiten eine Sprache voraussetzten, die allgemein verständlich ist, hat mich überzeugt. Und ich habe mich gemüht, eine solche Sprache einzuüben. Die Anmerkungen beschränken sich auf Fundstellen und Hinweise zitierter Literatur.

Meine über 20jährige Tätigkeit als Krankenhausseelsorger bringt es mit sich, daß das Material für die einzelnen Kapitel fast regelmäßig aus der Krankenhausseelsorge stammt. Ich

7

denke aber, daß die Seelsorge in einem Krankenhaus exemplarisch für die kirchliche Seelsorge überhaupt ist. Die „Klinische Seelsorgeausbildung", der ich mich verpflichtet weiß, ist ja auch nicht nur für Krankenhausseelsorger und -seelsorgerinnen gedacht. „Klinisch" bedeutet in diesem Zusammenhang „empirisch". In der Tat geht es mir in erster Linie um Erfahrungen, die wir als Seelsorger und Seelsorgerinnen machen und zu reflektieren versuchen. Diese Erfahrungen haben mich als Seelsorger und die Kollegen und Kolleginnen, die in meinen Kursen der „Klinischen Seelsorgeausbildung" gewesen sind, herausgefordert.

Diesen Charakter der Herausforderung sollten die einzelnen Kapitel behalten. Deshalb sind sie nicht in sich abgeschlossen, sondern bewußt offen gehalten für kritische Anfragen und für Ergänzungen. Seelsorge verstehe ich zunächst einmal als eine Einladung zum Gespräch – und auf diese Weise möchten auch die einzelnen Beiträge in diesem Buch gelesen werden.

Thorsten Eggers danke ich für das Korrekturen-Lesen.

1.

Seelsorge vor hundert Jahren.
Eine Problemanzeige

Für diejenigen, die Anfang der 70er Jahre mit der Seelsorgebewegung in Berührung kamen, war es überraschend und befreiend zugleich, zu erleben, daß wir unsere eigene seelsorgerliche Praxis so reflektieren konnten, daß sich dadurch unsere praktische Arbeit verändern und verbessern ließ. Das war deshalb völlig neu für uns, weil wir von den Seelsorgelehren eines Asmussen und eines Thurneysen[1] herkamen, welche eine auf die Verkündigung an den Einzelnen, auf Beichte und Absolution eingeengte Seelsorge vertraten, an deren Maßstäben wir scheiterten. Eine Reflexion beispielsweise des Kommunikationsvorgangs in einem Gespräch, zu dem wir als Seelsorger und Seelsorgerinnen unseren Anteil beitrugen, blieb außerhalb ihres Blickfelds.

Nun meinten wir, daß diese Art praktischer Reflexion eine in unseren Breiten völlig neue Methode sei (Namen früherer Seelsorger und Seelsorgelehrer waren uns verborgen geblieben). So war es eine große Überraschung, zu entdecken, daß es derartige kritische Reflexionen der eigenen Praxis schon früher gegeben hat. Es hängt sicher auch mit der Eigenart der Seelsorge als eines Geschehens, das sich im Verborgenen, das heißt: im vertraulichen Gespräch abspielt, zusammen, daß uns derartige Erfahrungen aus früheren Generationen nur spärlich und sehr verstreut überliefert sind. So sind zwei

---

1 Hans Asmussen, Die Seelsorge. Ein praktisches Handbuch über Seelsorge und Seelenführung, München 1933. Eduard Thurneysen, Die Lehre von der Seelsorge, München 1948.

Aufsätze des Johann Samuel Büttner aus den Jahren 1883 und 1897 über Kranken- bzw. Krankenhausseelsorge ein Glücksfall.[2]

Johann Samuel Büttner lebte von 1831 bis 1905. Er wuchs in einem Pfarrhaus nahe Verden (Aller) auf. Als Junge beeindruckte ihn Louis Harms in Hermannsburg, den er dort auf Missionsfesten erlebte. Er studierte Theologie in Erlangen und Göttingen. In Erlangen gehörte er zum Kreis um Wilhelm Löhe. Gerhard Uhlhorn, der Verfasser des dreibändigen Werks *Die christliche Liebestätigkeit*, wurde auf den jungen Pastor aufmerksam und holte ihn 1869 als Pastor ans Henriettenstift nach Hannover. Zu der Zeit war das Henriettenstift ein von Diakonissen betreutes Krankenhaus, das sich keines großen Ansehens erfreute. Es ist Büttner zu verdanken, daß es sich dann zu einer bedeutenden diakonischen Einrichtung entwickelte. 1881 lehnte er einen Ruf nach Leipzig auf die 1. Pfarrstelle der Nicolaikirche ab. 1883 erhielt er den theologischen Ehrendoktor von der Universität Rostock.[3]

Büttners Aufsätze legen Zeugnis davon ab, wie er seine seelsorgerliche Tätigkeit reflektiert und dabei zu Ergebnissen kommt, die auch nach einem Zeitraum von hundert Jahren nicht viel von ihrer Aktualität eingebüßt haben.

Es mutet uns Heutigen keineswegs fremdartig an, wenn Büttner am Anfang seines Aufsatzes *Die Seelsorge in kirchlichen Anstalten* um mehr Aufmerksamkeit und Beachtung für die Krankenhausseelsorge in kirchlichen und kommunalen Spitälern wirbt. Er klagt über ein unentschuldbares Defizit auf diesem Gebiet kirchlicher Arbeit. „Gibt es denn in unseren Krankenhäusern [...] Seelsorge, welche den Namen

---

2 Johann Samuel Büttner, Die Seelsorge in kirchlichen Anstalten, in: Zeitschrift für kirchliche Wissenschaft und kirchliches Leben, 4/1883, 148 ff. Ders., Krankenseelsorge, in: Joh. Sam. Büttner, Pastorale Seelenstudien, hg. v. K. Büttner und J. Büttner, Hannover 1905, 91 ff., (zuerst erschienen 1897).

3 Vgl. Ernst Schering, Johannes Samuel Büttner, in: ... neue Wege, alte Ziele, 125 Jahre Henriettenstiftung Hannover, hg. v. W. Helbig, Hannover 1985, 179 ff.

verdient? Ich habe Gelegenheit gehabt, so ziemlich alle Krankenhäuser einer großen Provinz kennen zu lernen und habe manchmal tief seufzen müssen über die traurige Vernachlässigung der Seelsorge an solchen Anstalten, wo Gott selbst die Thür zu den Herzen öffnen will. Gibt es doch ein Krankenhaus von mehr als 350 Betten, wo ein theologisch gebildeter Lehrer das Amt des Anstaltsgeistlichen ganz nebensächlich verwaltet [...]; die Folge ist selbstredend, daß die wenigsten Kranken einen Seelsorger sehen, geschweige von ihm in wirkliche Pflege genommen werden können."

Die Vernachlässigung der Krankenhausseelsorge gereicht aber nicht nur den betroffenen Patienten zum Schaden, denn die in einem Krankenhaus gemachten „Erfahrungen, wenn sie anders richtig erhoben und zusammengestellt werden, haben nicht blos ein allgemein psychologisches Interesse für jeden denkenden, mit dem Volks- und Seelenleben vertrauten Menschen, sondern vor allem kommen sie mit ihrer Eigenart namentlich dem Seelsorger überhaupt zugute". Aus ihnen könnte auch die Praktische Theologie und die Theorie der Seelsorge reichen Gewinn ziehen. Die Kirchenleitung sollte jungen Theologen während ihrer Kandidaten- und Seminarzeit empfehlen, die Krankenhausseelsorge als „Vorschule für ihr Amt" wahrzunehmen.

Auf welche spezifischen Probleme stößt die Seelsorge in einem Krankenhaus? Büttner bezeichnet es als außerordentlich schwierig, den kranken Menschen isoliert von seiner persönlichen Umgebung kennenzulernen. Außer einigen Daten (Name, Alter, Wohnort) ist ihm nichts bekannt, wenn er den Patienten aufsucht. Er ist ganz und gar auf das Gespräch angewiesen, wenn er mehr von dem Kranken erfahren will, und das wird oft genug von der Krankheit selbst behindert, wenn der Patient fiebert oder nicht lange sprechen kann und darf. Viele Kranke sind von verschlossener Natur und ziehen sich angesichts der ihnen fremden Umgebung noch mehr in sich selbst zurück. Einem vertraulichen Gespräch steht auch entgegen, daß die meisten Patienten in Sälen untergebracht sind, daß Gespräche also nicht unter vier Augen geführt werden können. „Daher hat ein Anstaltsgeistlicher, wenn er seine Kranken manchmal schon nach Monatsfrist scheiden sieht, das drückende Gefühl, denselben gar nicht nahe gekommen zu sein, namentlich, wenn der Arbeit viele ist."

Dazu kommt dann die Beobachtung, daß die Kranken ganz und gar von der Sorge um ihre Gesundheit gefangen „und darum so schwer auf die Sorge um ihr Seelenheil hinzuweisen sind." Dabei spielt das Ambiente eines Krankenhauses eine erschwerende Rolle. In ihm herrscht das medizinische Element vor. „Die vielen Apparate, die ganze auf Heilung gerichtete Einrichtung, die Gespräche der behandelnden Ärzte selbst, das alles gibt dem Spitale in den Augen der Patienten eine solche Höhe, Macht und Bedeutung, daß davor sehr leicht alles andere zurücktritt." Wenn dann die Seelsorge noch auf das Unverständnis vieler Ärzte stößt, wie Büttner beobachtet, dann braucht der Seelsorger schon „Glaube und Geduld der Heiligen" für seine Aufgabe im Krankenhaus.

Es gibt aber auch subjektive Probleme, die den Seelsorger in einem Krankenhaus belasten. Da ist die Zahl der Stationen, die er zu betreuen hat, und die Menge der Patienten, die er besuchen möchte. „An einem Tage muß die Station der Männer, am andern Tage die Station der Frauen, am dritten die der sog. inneren, am vierten die der sog. äußeren Kranken besucht werden. Es sind zwanzig, dreißig, die der Seelsorger innerhalb weniger Stunden an seinem Auge vorübergehen lassen soll. Der Weg von einem Bett zum anderen ist nur einen Schritt lang, der Weg von einem Krankenzimmer zum anderen führt über den monotonen Korridor." Und dann kommt der Seufzer: „Dazu dieser Haufe Krankheit auf einem Fleck!"

Mit den Hausbesuchen eines Gemeindepfarrers ist diese Arbeit nicht mehr zu vergleichen. „Es ist schier unmöglich, bei einem so eintönigen Wirken, wo eben Kranke und nur Kranke uns umgeben, die volle Energie des Mitfühlens und Mittragens bei jedem einzelnen Objekte der Seelsorge zu entwickeln. Der folgende Eindruck löscht so leicht den vorhergehenden aus, und der vorhergehende schwächt die Fähigkeit, den folgenden ganz aufzunehmen, ab."

Neben diese Belastung tritt eine weitere: Der Krankenhausseelsorger bekommt auf seine Arbeit seitens der Patienten, die er begleitet hat, nie oder nur in seltenen Fällen ein Echo. Was er bei ihnen ausgerichtet oder auch nicht ausgerichtet hat, bleibt ihm verborgen, da er den weiteren Weg dieser Menschen (anders als in der Gemeindeseelsorge) nicht verfolgen kann. „Es ist aber psychologisch leicht zu verstehen, wie sehr unsere Spannkraft davon abhängt, daß wir Ziele vor Augen haben und dieselben wenigstens annähernd erreichen [...] Es hat leicht etwas Erschlaffendes, immer nur einen Menschen auf den Weg bringen und nie erfahren, ob er an's Ziel gelangt, oder wie er überhaupt weitergekommen ist."

Natürlich nimmt Büttner auch die Chancen wahr, die sich der Seelsorge gerade in einem Krankenhaus bieten und die mit der besonderen Situation, in die sich ein Mensch als Patient hineingeworfen sieht, zusammenhängen. Dazu gehört vor allem „die Trennung von der Heimat und den bisher umgebenden Gewohnheiten. Es liegt darin für den irgendwie schwerer Kranken ein Stück Sterben." Vor allem vor Operationen ist der Kranke für Seelsorge empfänglich. „Was der Herr in Gethsemane von seinen Jüngern begehrte, daß sie nur eine Stunde mit ihm wachen und beten sollten [...], das erwarten die Seelen, bevor sie ihren Gang nach ihrem Morijah antreten, vom Seelsorger." Der Gedanke, daß die Operation selbst durch die heilsame Erfindung der Narkose ja schmerzlos verlaufe, verschafft nach Büttners Beobachtungen dem Patienten keine Erleichterung oder Beruhigung.

Außer dem Kontakt mit dem einzelnen Patienten bietet sich dem Seelsorger als Mittel für seine Arbeit die Bibelstunde auf den Krankensälen sowie gutes Verteilschrifttum an. Die Bibelstunde wird allerdings einen anderen Charakter tragen als die vorwiegend didaktisch ausgerichtete Bibelstunde in den Gemeinden. Sie „muß mehr den Gesprächs- als den Lehr- und Predigtton anschlagen". Was die Lektüre angeht, die der Seelsorger dem Kranken anbietet, so warnt Büttner vor den „zum Theil immer noch zu sehr methodistisch gefärbten Traktaten".

Wir überschlagen jetzt die Ausführungen, die der Verfasser zu den Problemen macht, welche sich dem Seelsorger in einem Siechenheim und in einer Erziehungsanstalt („Magdalenenasyl") stellen, und wenden uns einem Beitrag zu, in dem er die Voraussetzungen für die Seelsorge an Kranken und methodische Hinweise differenzierter darstellt.[4]

Es geht zunächst darum, daß wir den Kranken und dessen Krankheit studieren und kennenlernen. Dabei betont Büttner, daß wir als Seelsorger nicht in erster Linie zu untersuchen haben, „ob eine Krankheit Folge spezieller Sünden ist" und verweist dabei auf Joh 9, die Heilung des Blindgeborenen. Zwar vertritt er an anderer Stelle den Standpunkt, daß Sünde und Leiden unverbrüchlich zusammengehören[5], aber er setzt sich doch von einer kurzschlüssigen Anwendung dieses dogmatischen Satzes in der Seelsorge ab und kritisiert den in jener Zeit jedenfalls gängigen Trost, Leiden sei ein Erziehungsmittel Gottes. „Es ist ein unseliger Wahn, dem man bei Tausenden begegnet, daß sie meinen, Leidenszeiten müßten jedesmal frömmer machen, und Not lehre in allen Fällen beten." Wie in anderen Fällen auch, so zeigt sich hier, wie Büttner dogmatische Aussagen und gängige popular-theologische Meinungen mit seinen Erfahrungen an den Krankenbetten konfrontiert und von daher seine Theologie neu überdenkt.

Für unentbehrlich hält Büttner, daß der Seelsorger sich darüber Klarheit verschafft, welche Auswirkungen Krankheit auf das „Gemüts-, Geistes- und Glaubensleben" hat, „und zwar namentlich, welche Veränderungen bei den verschiedenen Krankheiten eintreten." Der Seelsorger muß erkennen können, daß es Krankheitszustände gibt, wo „der Kranke nur wenig fassen kann, und was er faßt, ist oft nicht das, was wir ihm bieten möchten und geboten haben". Der Verfasser weist beispielsweise auf Schocksituationen nach Unglücksfällen hin. „Das Erschrecken nimmt die Fassung, macht betäubt und beschränkt für den Augenblick die Empfänglichkeit für das Evangelium, das man dem bringen möchte, der noch darüber sinnt, ob es Zufall oder ob es die Hand Gottes sei, die solches auflegte."

---

4 Es handelt sich um seinen Aufsatz „Krankenseelsorge", s. Anm. 2.
5 Johann Samuel Büttner, Sünde und Leiden in ihrem inneren Zusammenhange, in: Pastorale Seelenstudien, 177 ff.

Bei bestimmten Krankheiten beobachtet der Seelsorger, daß die von ihnen Befallenen sie leicht nehmen und daß ihnen, je weiter sie fortschreitet, der Gedanke an das Ende und die Ewigkeit um so ferner rückt. Das ist zum Beispiel bei der damals verbreiteten Tuberkulose der Fall. Der Verfasser warnt davor, solche Menschen vorschnell als „der Ewigkeit Entfremdete, Oberflächliche" zu verurteilen. Vielleicht läge in dieser Eigenart der Tuberkulose ja ein freundlicher Gedanke Gottes! Jedenfalls sollte der Seelsorger einem Menschen „das Sterben nicht näher rücken als Gott es tut".

Auch das Problem der psychisch Kranken („Solche Kranke gibt es viel mehr als man gewöhnlich ahnt.") und des Suizids („Die Zeitungen berichten uns oft in einer Woche von fünf bis sechs Selbstmordfällen in *einer* größeren Stadt, und auch Christen sind von dieser Anfechtung nicht frei.") führt uns Büttner eindringlich vor Augen; freilich spricht uns die Hilflosigkeit des Seelsorgers gerade aus diesen Zeilen unüberhörbar an.

Büttner wendet sich mit Vehemenz gegen eine Pastoraltheologie, die eine Beschäftigung mit dem Wesen von Krankheiten und ihren Einfluß auf den Menschen für überflüssig hält und behauptet, es gehe nur darum, im allgemeinen das Evangelium zu predigen. Gottes Wort passe auf alle Fälle. Er möchte auf keinen Fall die Wirksamkeit des Wortes Gottes schmälern, ganz im Gegenteil. Jedoch: „Es wäre Trägheit, Gleichgiltigkeit und Lieblosigkeit, wollten wir nicht mit allem Ernst darangehen, die Seelen unserer Kranken zu studieren; es wäre auch Torheit und würde uns in unserem ganzen Berufsleben schädigen, wenn wir an dem allerwichtigsten Studium, nämlich am Menschenstudium, vorübergingen. Umgekehrt aber werden wir für uns selbst, für unsere Predigt und für unser ganzes Amtsleben keine größere Förderung erlangen, als wenn wir feinsinnige Psychologen werden, welche in rechter Weise Gedanken- und Seelenleser sind."

Der Verfasser hat sich mit der Psychologie der „Temperamente" beschäftigt. Jedoch hat ihm die Praxis gezeigt, daß die Psychologie nicht dazu verführen darf, die Menschen zu klassifizieren. Es gibt hier keine festen Grenzen, sondern nur fließende Übergänge. Ebenso rät er zur Vorsicht gegenüber einer Psychologie des Glaubens, welche ebenfalls versucht, die Menschen in vier Kategorien oder ihren Glaubensstand in vier Stufen einzuteilen. Man könne zwar derartige Einteilungen gelten lassen, „nur darf man nicht mechanisch verfahren; vielmehr wird die Hauptsache bei dem Seelenstudium sein, daß man ganz individuell urteilt. Das kann aber nur in einem Gespräch geschehen. „Die Hauptsache ist, in ein Gespräch mit ihm (dem Patienten) einzutreten, um so zu erfahren, mit wem man es zu tun hat."

Die „Seelendiagnose" ist eine große Kunst, und der Seelsorger wird sie sich in der Praxis selbst aneignen müssen. „Und da wollen wir nicht verschweigen, daß die erste Bedingung wirklicher geistlicher Diagnose das Selbsterforschen, das gründliche Kennen der eigenen Seele und des eigenen Geistes- und Gemütslebens ist. Wer nicht täglich die Diagnose bei sich stellt, wird sie schlecht bei anderen oder bei Kranken zu stellen imstande sein."

Auf die „Seelendiagnose" folgt das „Heilverfahren". Hier geht es um das Ziel, den Weg und das Mittel der Krankenseelsorge. Das Ziel jeder Krankenseelsorge ist die uneingeschränkte Heilsgewißheit. Sehr scharfsichtig erkennt Büttner, daß diesem Ziel so manche Predigt im Wege steht. „Wir sollten nicht so ängstlich sein und meinen, daß wir bei unserer Predigt den Gnadenstand immer wieder müßten einschränken und abhängig machen von diesem und jenem Erfordernis der Heiligung; denn wir erfahren es gerade an den Kranken- und Sterbebetten beschämend und demütigend, wie wenige unserer Gemeindeglieder wir zu der seligen Gewißheit der Kinder Gottes zubereitet haben."

Aber auch die Krankheit selbst ist für den Betroffenen ein großes Hindernis auf dem Wege zur Heilsgewißheit, so daß wir nicht „mit Trost so ohne weiteres" an den Kranken herantreten können. Zu sehr ist er von der Krankheit gefangen und meint, Gott habe die Krankheit geschickt, damit sie sobald als möglich wieder hinweggenommen und beseitigt werde, „weshalb die Kranken gemeiniglich auch nur den einen Wunsch haben, es möge von ihrem Pastor um schleunigste Genesung gebeten werden.".

Das führt zur Frage nach der Methode der Seelsorge. Büttner diskutiert die Frage, ob man zu dem Kranken nur gerufen oder auch ungerufen kommen solle. Das ungerufene Kommen stellt uns ja unter Umständen vor große Probleme. Einen Ausweg aus diesem Dilemma sieht der Verfasser nur in dem Vertrauen, das eine Gemeinde zu ihrem Pfarrer gewinnt. Und wie soll das geschehen? „Predigen wir so, daß wir in unserer Predigt der Gemeinde uns darstellen als Leute, zu denen die Einzelnen das Vertrauen haben: der wird mich verstehen, der wird auf meine Dinge eingehen und wird, was ich ihm sage, wie im Grabe verschließen, diskret und verschwiegen sein." Voraussetzung für die Seelsorge ist also die seelsorgliche Predigt.

Entscheidend ist dann der „Eintritt zum Kranken". Wie soll er geschehen? Der Verfasser führt uns Heilungsgeschichten aus dem Neuen Testament vor Augen und beobachtet: „Des Herrn Jesu Auge senkt sich in die Not der Leute hinein [...] und dann lagert sich die Last der Leute als eine Last auf sein eigenes Herz." Und er folgert daraus für die Seelsorge: „Es ist das, was wir Teilnahme nennen. Wenn aber irgend etwas in der Seelsorge von Bedeutung ist, so ist es eben die herzliche, warme Anteilnahme an der Not der Kranken, daß wir uns hineinfühlen und hineindenken und wirklich miterfahren, was die Leute augenblicklich empfinden."

Und dann kommt Büttner auf ein Problem zu sprechen, das in der späteren Seelsorgelehre (vertreten etwa durch Asmussen und Thurneysen) eine bestimmte Zuspitzung erfahren hat und ganze Seelsorgergenerationen in eine hitzige Auseinandersetzung verwickelt hat: die Frage nach dem „Bruch" im seelsorgerlichen Gespräch! „Der junge Geistliche wird sehr leicht dazu kommen, nur abrupt (von einem allgemeinen in ein geistliches Gespräch) überzugehen und zu sagen: wir wollen nun ein Gotteswort miteinander lesen!" Dagegen sagt die Weisheit des erfahrenen Seelsorgers: „Da meine ich, es sollte das Wort Gottes bei der Krankenseelsorge immer zuerst in einem ganz einfältig sich ergebenden Gespräch übermittelt werden, wo sich, wie ganz von selbst, das Wort Gottes in die Rede hineinmengt, so unvermerkt, wie es bei den Emmausjüngern gegangen ist, da der Fremdling mit ihnen redete, und sie ahnten nicht, wer es war, und als er seinen Mund auftat, wußten sie auch noch nicht, wohin das ganze Gespräch laufen würde [...] Unvermerkt das Wort Gottes hineinmengen in das Gespräch ist eine heilige Kunst, denn wenn wir unvermittelt mit dem Worte Gottes kommen, dann schließen wir bei vielen, die dem Wort Gottes entfremdet sind, von vornherein die Tür zu; sie schieben den Riegel vor und wollen von uns nichts mehr wissen."

In diesem Zusammenhang finden wir noch einen wichtigen Hinweis bei Büttner, der den Übergang zum geistlichen Gespräch finden helfen kann. Das Vergängliche und Sichtbare sei ja ein Gleichnis für das Ewige, wie auch die körperlichen Krankheitszustände immer ein „simile" zu den Seelenzuständen seien. Wem die Bibel gut vertraut ist, dem wird zur rechten Zeit das rechte Wort einfallen, welches das augenblickliche Geschehen zur Ewigkeit hin transparent werden läßt, so daß es im Licht Gottes verstanden und verarbeitet werden kann.

Eine weitere bedenkenswerte Erfahrung teilt Büttner in diesem Zusammenhang mit. Er habe immer gefunden, daß das Wort Gottes, „wie es sich in dem gläubigen Subjekt reflektiert hat und schon verarbeitet ist, viel leichter zu den Gemütern eingeht, als in seiner ursprünglichen Gestalt." Als Vorbild nennt er die „Gebete unserer Kirche" als auch insbesondere den Schatz unserer Kirchenlieder. Dabei ist es wichtig, daß der Seelsorger nicht erst sein Gesangbuch aufschlagen muß, um eine Strophe zu zitieren, sondern daß er sie auswendig kennt.

Auch das Gebet hat seinen wichtigen Platz in der Krankenseelsorge. Aber auch hier warnt Büttner vor einem unvermittelten und zwanghaften Gebrauch. „Es folgt und wächst aus dem Evangelium und aus dem, was sich aus dem seelsorgerlichen Gespräch ergab. Wir dürfen uns nicht dem Urteile aussetzen, das man über jenen Seelsorger fällte, er bete seine Kranken tot. Das Gebet hat seine Zeit. Am Krankenbett scheidet es sich in das Gebet *für* den Kranken, *über* dem Kranken und *mit* dem Kranken." Das Gebet mit dem Kranken ist etwas sehr Intimes, und hier werde, so urteilt Büttner, viel Unheil angerichtet. Er gibt den Rat, daß man auf die Bitte eines Kranken, der Pfarrer möge mit ihm beten, zunächst sich mit ihm darüber verständige, was denn der Inhalt des Gebets sein solle.

Beichte und Abendmahl sind die Krone der Seelsorge. Schon vor einhundert Jahren gibt es den Seufzer: „Wie bringt man nur die Leute zum Bekennen dessen, was sie nicht mehr tragen können?" – „Ich kann nur die Antwort wiederholen: Wir müssen seelsorgerlich predigen, in unseren Predigten muß ein Mensch, ein Subjekt erscheinen, welches selbst durch Anfechtungen und Nöte hindurchgegangen ist. Dann werden die Leute das Gefühl haben: der versteht uns."

Büttner stellt aber in diesem Zusammenhang auch die Frage, wie es denn der Seelsorger selbst mit der Beichte halte? Wie steht es um die Seelsorge, die er für die eigene Seele beansprucht?

Dem Krankenabendmahl aber steht vielfach der Aberglaube im Wege, daß, wer es empfängt, sterben müsse, oder der andere Aberglaube, daß es dazu diene, die Genesung zu befördern. Im Konfirmandenunterricht und in der Predigt müsse dieser Aberglaube überwunden werden.

In seinen abschließenden Überlegungen kommt Büttner auf die Frage, ob der Pastor der einzige Seelsorger sei oder ob auch andere in der Gemeinde „Gehilfen in der Seelsorge" sein könnten? Er bejaht das letzte uneingeschränkt. „Wir müssen in der Gemeinde Laien als Gehilfen haben, und wir können sie auch haben." Und er schärft nochmals ein, es gälte, daß auch diese Laienseelsorge „fern von allem methodistischen Wesen, aber auch frei von allem toten Moralisieren" sein müsse.

Büttner faßt seine Erfahrungen und Überlegungen in einem Zitat des Gregor von Nazianz zusammen: Die Seelsorge ist eine so gefährliche Arbeit, wie wenn man auf einem gespannten Seil tanzt.

Die Lektüre von Büttners Arbeiten zur Kranken- und Krankenhausseelsorge ist bestürzend und erhellend zugleich. Bestürzend, weil wir erkennen müssen, daß die uns heute bedrängenden Probleme in der Seelsorge auf diesem Gebiet (das aber gewiß exemplarisch für die kirchliche Seelsorge überhaupt steht) schon vor einhundert Jahren mit schonungsloser Offenheit ausgesprochen worden sind. Teilweise sind diese Probleme noch bedrängender geworden. Büttner spricht kritisch von 350 Patienten, die ein Seelsorger zu betreuen habe. Diese Zahl mutet angesichts heutiger Großkliniken wie ein schöner Traum an! Und immer weniger Menschen haben Kenntnisse aus der Bibel und dem Gesangbuch, Abendmahl und Beichte sind ihnen Fremdworte, und zu beten haben sie nie gelernt.

Und erhellend: Wir erkennen bei Büttner Ansätze, die in der Seelsorgebewegung unserer Tage wieder aufgenommen worden sind und als Ziel verfolgt werden. Beispielsweise die Notwendigkeit, die Menschen, die wir besuchen, wirklich kennenzulernen, was viel Zeit erfordert und nur gelingen kann, wenn wir bereit sind, unsere eigene Seele kennenzulernen. Büttner spricht von „Selbsterforschen" – das entspricht heute dem Begriff der „Selbsterfahrung".

Die Diakonissen nannten ihn den „Vater Büttner". Er versuchte, ein gütiger Vater zu sein. Es gibt in seinen Aufsätzen Formulierungen, die davon Zeugnis ablegen. Aber die Rolle eines Vaters wird heute von den meisten Mitmenschen, auch wenn sie als Patienten im Krankenhaus liegen, nicht mehr von einem Seelsorger erwartet. Sie fühlen sich in einer Beziehung von oben nach unten und umgekehrt nicht wohl. Sie wünschen sich eine symmetrischere Beziehung. An dieser Stelle gilt es weiterzudenken.

2.

Seelsorge – ihr Ort im Handeln der Kirche

Wenn wir darüber nachdenken, was denn Seelsorge eigentlich sei, wenn wir also versuchen, das Eigenartige der Seelsorge in den Blick zu bekommen und eine Definition zu finden, dann geraten wir in eine Verlegenheit, die mit dem Begriff Seelsorge verknüpft ist. Wir müßten nämlich als erstes klären, was wir unter der Seele, der unsere Sorge ja gelten soll, verstehen. Wie sollen wir sie definieren?

Wenn ich nach Definitionen suche, schlage ich gern in einer „Biblischen Real- und Verbal-Concordanzien" nach, die ein gewisser Gottfried Büchner herausgegeben hat; sie erschien im Jahre 1757 in zweiter Auflage in Jena.[1] Da lese ich unter dem Stichwort *Seele*:

> Worinne aber das Wesen derselben eigentlich bestehe, davon ist mir weiter nichts bekannt, als daß sie ein Geist ist, der Verstand und Willen hat, und obgleich er viele andere Sachen deutlich und hinlänglich erkennet, doch von sich selbst keine deutliche Erkenntnis besitzt.

Daran, daß die Seele von sich selbst keine deutliche Erkenntnis besitzt, hat sich bis heute trotz intensiver psychologischer Forschung nichts geändert, und es wird sich auch weiterhin nichts daran ändern. Denn wir haben die Seele nicht so, wie man einen Gegenstand hat. Wir können sie nicht verge-

---

1 Biblische Real- und Verbal-Concordanzien ..., herausgegeben von Gottfried Büchner. Zweite und vermehrte Auflage. Jena, bei Christian Henrich Cuno 1757.

genständlichen, wir können uns nicht von ihr distanzieren und sie dann aus der Distanz heraus betrachten und sagen: Das ist sie, oder: So ist sie! Wir können sie nicht lokalisieren und sagen: Hier oder dort, in diesem oder jenem Organ ist sie oder ist sie nicht. Wir *haben* die Seele nicht, eher können wir sagen: Wir *sind* beseelt. So entzieht sich die Seele unserem verobjektivierenden Zugriff, sie läßt sich nicht eingrenzen, d.h. definieren! Ja, wenn wir an dieser Stelle eine positive Aussage wagen wollen, so müssen wir sagen: Es gehört zum Wesensmerkmal der Seele, daß sie jede Begrenzung und Eingrenzung übersteigt. Es gehört zu ihrem Wesen, daß sie transzendiert – sogar die Grenze des Todes transzendiert sie.

Martin Luther hat in seiner Schrift *Das Magnificat verdeutschet* (1521) bei der Auslegung des Satzes „Meine Seele erhebet den Herrn" der Seele ihren Ort zwischen dem Geist, der dunkel ist, und dem Leib gegeben. Den Leib erfüllt die Seele mit Leben, er ist beseelter Leib. Und was im Geist dunkel wohnt, das wird in der Seele zur Erfahrung. Sie vermag zu verstehen und zu erkennen.[2]

Aus den Versuchen, die Seele zu umschreiben, können wir zwei für die Seelsorge wichtige Ergebnisse festhalten. Das erste, ein negatives Ergebnis: Auch die Seelsorge wird die Seele niemals in den Griff bekommen können, da hilft auch keine Methode, wie ausgeklügelt sie auch sein mag. In diesem Sinn ist Seelsorge nicht „machbar" – das macht ihre Verlegenheit aus. Und das zweite, positive Ergebnis: Leib und Seele sind nicht zu trennen! Wenn diese Erkenntnis ernstgenommen wird, hat das weitreichende Folgerungen für die Seelsorge. Beispielsweise verbietet sich dann die uns so geläufige, weil sehr bequeme Teilung: Das „Heil" für die Seele – die „Heilung" aber für den Leib. Viel seelenlose Medizin, aber auch viel entleibte Seelsorge sind die Folge dieser Teilung!

---

2 M. Luther, Das Magnificat verdeutschet und ausgelegt. 1520 und 1521, in: Luthers Werke in Auswahl, hg. v. Otto Clemen, Band II, 133 ff., zur Stelle 139 f.

Viel weiter werden wir mit unseren Versuchen, die Seele zu definieren und zu orten, nicht kommen.[3] Ich möchte nach einem anderen Weg suchen, auf dem wir uns dem, was wir „Seele" nennen, nähern können. Wie äußert es sich, daß ich um meine Seele weiß oder sie ahne? Es gibt ein biblisches Buch, in dem der Begriff der Seele sehr häufig vorkommt, ja mehr als das: in dem sie auf eine charakteristische Weise angesprochen wird oder sogar selber spricht. Es sind die *Psalmen*.

Ich zitiere einige Texte:

> Sei mir gnädig, Gott, sei mir gnädig, denn auf dich traut meine Seele (Ps 57). Du hast meine Seele vom Tode errettet (Ps 56). Ich will erzählen, was er an meiner Seele getan hat (Ps 66). Gott, hilf mir, denn das Wasser geht mir bis an die Seele (Ps 69). Unsere Seele ist gebeugt zur Erde (Ps 44). Lobe den Herrn, meine Seele, und vergiß nicht, was er dir Gutes getan hat (Ps 103). Wunderbar sind deine Werke, das erkennt meine Seele wohl (Ps 139). Ja, ich habe meine Seele gesetzt und gestillt – so ist meine Seele in mir wie ein entwöhntes Kind bei seiner Mutter (Ps 131). Wie der Hirsch schreit nach frischem Wasser, so schreit meine Seele, Gott, zu dir. Meine Seele dürstet nach Gott … Was betrübst du dich, meine Seele, und bist so unruhig in mir? Harre auf Gott … (Ps 42).

Die letzten Worte finden sich auf einer Miniatur im Stuttgarter Psalter (um 820), auf der wir die Seele („Anima") auf einem Sorgenberg sitzend finden, zu ihren Füßen fünf große Blüten und an ihrer Seite ein Lebensbaum. Trauernd stützt

---

3 Natürlich läßt sich von der Seele auch noch mehr sagen, vgl. z.B. Hans Jürgen Schultz, Was weiß man von der Seele? Erforschung und Erfahrung in Psychologie, Philosophie und Theologie, Stuttgart 1967; oder: H.-P. Hasenfratz, Die Seele, Einführung in ein religiöses Grundphänomen, Zürich 1985; und: Jean Clair, Cathrin Pichler, Wolfgang Bircher, Wunderblock. Eine Geschichte der modernen Seele, hg. von den Wiener Festwochen 1989, ein umfangreicher, bebilderter Ausstellungskatalog mit vielen Texten in- und ausländischer Forscher.

sie ihren Kopf in die Hand, und sie schaut zu dem Mann hin, zu dem sie gehört. Der fühlt die Trauer seiner Seele, und er singt: „Was betrübst du dich, meine Seele, und bist so unruhig in mir?" Er sucht sie, aber er hat sie noch nicht wiedergefunden.

Wir haben nur eine kleine Auswahl von Texten aus dem Psalter zitiert – es sind merkwürdig bewegte und bewegende Worte. Schauen wir noch etwas näher hin. Wie wird die Seele in den Psalmen angesprochen? Sie erscheint als die *Angefochtene*: Sie schreit, hat Durst, ist betrübt und unruhig, sie ist gebeugt bis zur Erde, und das Wasser geht dem Menschen bis an die Seele. Und sie erscheint als die *Errettete* und *Vertrauende*: vom Tode errettet, sie traut auf Gott, sie lobt ihn dafür (kann dies aber offenbar auch vergessen!), und sie erkennt die Wunder seiner Werke. Wichtiger ist aber die Beobachtung, daß ich mit meiner Seele reden kann, und daß meine Seele wiederum mit Gott redet, und schließlich, daß dies Reden mit anderen geteilt werden kann, so daß es in einer Communio geschieht. Wir finden überdies Psalmen, in denen auch die Natur in den Dialog mit Gott einbezogen wird: „Die Himmel erzählen die Ehre Gottes, und die Feste verkündigt seiner Hände Werk ... Es ist keine Sprache noch Rede, da man nicht ihre Stimme höre" (Ps 19, vgl. auch Ps 104) – da wird auch die Natur „beseelt".

Auf eine etwas höhere Abstraktionsebene gehoben bedeutet dies: Eine Seele haben äußert sich darin, daß ich in ein Zwiegespräch mit mir selber eintreten kann, daß ich in ein Zwiegespräch mit Gott treten kann, und daß ich dies in einer Gemeinschaft mit einem Dritten oder in einer Gemeinde tun kann.

Ich kann mich also – dank meiner Seele – mit mir selber auseinandersetzen (auch in Konflikten, wo ich mich zugleich mit anderen auseinandersetzen muß); ich kann mich mit Gott auseinandersetzen; ich kann Angst haben und hoffen, ich kann schreien und loben, ich kann niedergeschlagen sein und den Herrn erheben. Ich kann – das ist geradezu ein Zeichen für den Dialog, der sich in meinem Herzen abspielt – *zweifeln*, bisweilen so sehr, daß ich meine, ich hätte zwei Seelen in meiner Brust, die widereinander streiten! Und ich kann mich versöhnen (lassen) mit mir selber, mit meinem Nächsten, mit Gott, mit der Schöpfung.

Es gibt einen Zustand, wo dieser Dialog zwischen mir und meiner Seele, und damit auch zwischen mir und Gott, zwischen mir und meinem Nächsten, zwischen mir und der Schöpfung abgebrochen wurde und verstummt. Diesen Zustand nennen wir die Ver-zweiflung, während der Zweifel noch die Struktur des Dialogs hat.

Damit kommt nun ins Blickfeld, was *Seelsorge* meint. Sie sorgt dafür, daß der Dialog, das Zwiegespräch mit mir selber, mit Gott, mit meinem Nächsten und mit der Natur nicht abbricht; sie sorgt dafür, daß Zweifel nicht in Verzweiflung umschlägt. Positiv ausgedrückt: Seelsorge sorgt dafür, daß der Dialog mit mir, mit Gott, mit meinem Nächsten und mit der Natur zu einem versöhnten Dialog wird, daß meine Seele in mir wird wie ein entwöhntes Kind bei seiner Mutter, und daß ich erzähle, was Gott an meiner Seele getan hat.

* * *

Nachdem wir versucht haben, uns dem zu nähern, was wir unter *Seele* verstehen und daraus einige Folgerungen für die Seelsorge gezogen haben, wollen wir die Seelsorge selbst in den vielfältigen Handlungsfeldern der Kirche orten. Wie geschieht Seelsorge konkret?

Unseren Ausgangspunkt nehmen wir bei einem Text aus den Lutherischen Bekenntnisschriften, und zwar aus den *Schmalkaldischen Artikeln*, die Luther 1536 auf Veranlassung des Kurfürsten von Sachsen für ein geplantes Konzil (das dann doch nicht stattgefunden hat) formulierte.[4]

Der IV. Artikel steht unter dem Titel „Vom Evangelio" und führt aus, daß Gott „nicht in einerlei Weise Rat und Hulf wider die Sunde" gibt. Er sei reich in seiner Gnade. Dieser Reichtum wird in einer Aufzählung entfaltet: Das Wort (der Predigt), die Taufe, das Sakrament des Altars, „zum vierten

---

4 Die Bekenntnisschriften der evangelisch-lutherischen Kirche, Göttingen ²1952, 405 ff., das Zitat 449.

durch die Kraft der Schlussel und auch per mutuum colloquium et consolatio fratrum" (und auch durch wechselseitiges Gespräch und Tröstung der Brüder – und Schwestern,
ergänzen wir). Dies letzte wird mit einem Schriftzitat aus
Matthäus 18 belegt: „Wo zwei oder drei versammelt sind in
meinem Namen, da bin ich mitten unter ihnen." Seelsorge
geschieht also als wechselseitiges Gespräch und als Tröstung
der Brüder und Schwestern.

Ehe wir uns den beiden Begriffen *Gespräch* und *Tröstung*
zuwenden, müssen wir noch für einen Augenblick bei der
Beobachtung verweilen, daß diese beiden Begriffe vom Vorhergehenden deutlich abgehoben werden. Es werden aufgezählt Wort, Taufe, Abendmahl, Beichte und Absolution –
und davon abgehoben durch die einleitenden Worte „und
auch" und dadurch, daß die beiden Begriffe in lateinischer
Sprache stehen: mutuum colloquium et consolatio fratrum.

Der Seelsorge wird also eine Besonderheit gegenüber den
übrigen, uns geläufigen Handlungen der Kirche zuerkannt.
Was macht diese Besonderheit – das Proprium – aus? Diese
Frage wurde lange Zeit ausschließlich im Gegenüber zur Psychologie und Psychotherapie gestellt. Man versuchte dann,
deutliche Grenzziehungen zu markieren und die Überlegenheit der Seelsorge gegenüber säkularen Zugriffen auf die Seele
zu behaupten. Freilich erscheint es theologisch ertragreicher
zu sein, wenn wir – veranlaßt durch die Formulierung Luthers in den Schmalkaldischen Artikeln – nach der Besonderheit der Seelsorge im Vergleich und im Gegenüber zu den anderen Handlungsweisen der Kirche fragen.

Es gibt deren viele und durchaus unterschiedliche, die sich
auf die vier klassischen Handlungen Predigt, Taufe, Abendmahl und Beichte zurückführen lassen. Sie sind davon abge-
leitet oder führen darauf hin, etwa die Katechese (Unterricht),
Vortrag oder Vorlesung, also Bildungsveranstaltungen. Daneben stehen gottesdienstliche Elemente: der gemeinsam ge-
sungene Hymnus, das gemeinsame Gebet oder das gemeinsam gesprochene Credo. Jede dieser Kommunikationsweisen
der Kirche verläuft nach eigenen, unverwechselbaren Ge-
setzmäßigkeiten der Sprache und der Kommunikation. Jede
Vermischung, etwa die von Predigt und Vorlesung, weckt bei

den Empfängern Irritationen und bereitet Verstehensschwierigkeiten. Allen den genannten Kommunikationsweisen aber ist gemeinsam, daß sie an einem zentralen Ort stattfinden, zu dem sich diejenigen, die daran teilhaben wollen, aufmachen müssen: die Kirche, das Gemeindehaus mit dem Pfarrsaal oder auch das Pfarrhaus, wenn es um die Anmeldung einer Taufe oder einer Trauung geht. Weiter ist kennzeichnend für diese Kommunikationsweisen, daß der Pfarrer und die Pfarrerin in weitestem Sinne dabei „tonangebend" sind. Sie predigen, sie sind die Liturgen, sie unterrichten, halten die Bibelstunde und den Vortrag, sie formulieren auch die meisten Gebete. Darauf bereiten sie sich vor. Sie bestimmen (wenn auch in der Regel nach den Vorschlägen der Liturgischen Konferenz) ihren Predigttext, bestimmen die biblischen Lesungen und suchen auch die im Gottesdienst zu singenden Lieder aus (wenn sie dies oft auch in den Stadtkirchen ihren Kantoren und Organisten überlassen). Sie haben sich ein Konzept erarbeitet für die Predigt, den Unterricht, den Vortrag. Sie bestimmen Thema und Tenor: Sie geben den Ton an.

Man muß sich den festgefügten Rahmen dieser Kommunikationsstruktur, die dem Pfarrer und der Pfarrerin in ihren vielfältigen und oft rasch aufeinander folgenden (Amts-)handlungen Struktur bieten und Schutz verleihen, vor Augen halten, um zu ermessen, was es bedeutet, daß die Seelsorge aus diesem Rahmen herausfällt.

In einem seelsorgerlichen Kontakt ist es in mancherlei Hinsicht umgekehrt. Mein Gesprächspartner gibt den Ton an. Er hat ein Anliegen, eine Frage, einen Konflikt, eine Not. Er möchte sich aussprechen: seine Zweifel, seine Ängste, seine Unruhe, seine Hoffnungen.

In diesem Kontakt ist das entscheidende Organ des Seelsorgers und der Seelsorgerin das Ohr und weniger der Mund wie bei ihrem Tun als Liturg, Prediger und Lehrer. Seelsorger und Seelsorgerin leihen dem Gesprächspartner ihr Ohr, so pflegen wir zu sagen. Und sie können in eine seelsorgerliche Situation kaum in einem Talar hineingehen. Agende und Lektionar helfen ihnen da zunächst auch nicht weiter. Sie haben keine Kanzelbrüstung, an der sie sich festhalten könnten, keine Altarstufen, die ihnen zu einem Stück Distanz verhelfen könnten. Sie haben auch kein Konzept in der Hand, an das sie sich halten könnten. Sie werden vielmehr laufend aus dem Konzept gebracht, weil es in der Seelsorge immer wieder zu überraschenden Situationen kommt, und weil sich keine zwei Gespräche gleichen. Und der Ort der Seelsorge ist nicht mehr die Kirche und sehr selten das Pfarrhaus. Der klassische Ort der Seelsorge ist vielmehr das Haus des Gemeindeglieds, und der „Sitz im Leben" der Seelsorge ist der Hausbesuch oder gegebenenfalls der Besuch am Krankenbett in einem Krankenhaus. Hier sind der Pfarrer und die Pfarrerin nicht mehr Hausherr oder Hausfrau, sondern Gäste. Das heißt aber, daß der Seelsorger und die Seelsorgerin immer in eine offene Situation hineingehen, wenn sie Seelsorge üben wollen.

Seelsorge ist also nachgehende und begleitende Seelsorge. Hier gilt das Wort Jesu aus der Bergpredigt (Mt 5): Wenn dich jemand nötigt eine Meile mitzugehen, so gehe mit ihm zwei, – wobei der andere die Richtung angibt. Wir begleiten ihn auf seinem Weg. Auf welchem Weg? Auf dem schwierigen Weg zu seiner eigenen Seele, damit sich diese aus der Erstarrung lösen kann, damit sie wieder fähig wird, ins Gespräch zu kommen mit sich selbst, mit Gott, dem Nächsten und der Umwelt.

Wir können es uns auch mit einem Bild aus dem Reich der Musik (zu welchem die Seele ja eine besondere Beziehung hat) deutlich machen. Mein Gesprächspartner spielt das Solo-Instrument. Ich muß sehr genau hinhören, wenn ich jemandem auf meinem Begleitinstrument folgen will; ich muß mein Instrument genau abstimmen auf das Solo-Instrument und zusehen, daß ich mich nicht aus dem Takt bringen lasse. Durch meine Akkorde aber wird mein Partner sich plötzlich neu hören, er wird gewahr, welche Tonart er eigentlich spielt, ob in Dur oder in Moll, und er erlebt, welche Spannungen in seiner Melodie liegen. Er entdeckt seine eigene Melodie.

So haben wir die Seelsorge also in ein polares Spannungsgefüge zu den übrigen Handlungen eines Pfarrers und einer Pfarrerin eingeordnet. So wie Reden und Hören aufeinander bezogen sind, sind Predigt und Seelsorge polar aufeinander bezogen. Sie stehen in einer Spannung zueinander und bedürfen einander – aber sie fallen nicht zusammen.

Es hat gewiß seinen guten Sinn gehabt, daß in Zeiten großer Bedrohung der Kirche durch Irrlehre und Irrhandeln die Seelsorge der Predigt untergeordnet wurde. Da war die Seelsorge Zuspruch des Evangeliums (also primär wieder Sprache!) an den Einzelnen. Die beiden Bücher, welche diese Seelsorgelehre vertraten, erschienen bezeichnenderweise 1933 (Asmussen) und 1946 (Thurneysen). Aber von ihrem Wesen her ist Seelsorge der notwendige Gegenpol zur Predigt.

Selbstverständlich bedeutet das nicht, daß der Seelsorger stumm wie ein Fisch bleiben soll. Er darf und soll auch etwas von seinem Glauben angesichts der Situation, mit der er konfrontiert wird, sagen. Aber: der Akzent liegt doch anders als bei seinem übrigen Tagewerk auf dem Hinhören und Begleiten. Er begleitet – er gibt Widerhall.

Seelsorge bedient sich des Gesprächs als Medium. Das ist ein wechselseitiges Geschehen, ein mutueller Vorgang. Es ist ein gemeinsamer Weg. Zu welchem Ziel das Gespräch dann schließlich findet, das wissen beide nicht im voraus.

Und Seelsorge ist Tröstung der Brüder und Schwestern. In der Tradition der Kirche ist die Tröstung und der Trost nur allzu oft zu einem Lehrbegriff entartet. Da wurden dann beispielsweise „Trostgründe" aufgezählt, mit denen Trauernde und Leidende sich trösten und beruhigen sollten. Trost ist aber von Haus aus ein Beziehungsbegriff. Trost und Tröstung geschehen in der Regel weniger durch Worte, schon gar nicht durch rationale Argumentationen, sondern viel leiser: durch stilles Dabeibleiben, durch Handkontakt, durch Umarmen – das heißt: Tröstung geschieht vornehmlich nonverbal. Auch hier wird deutlich, daß Seelsorge weniger durch Belehrung und gepredigtes Wort geschieht. Es wird keinesfalls als Trost erlebt, wenn wir jemandem seine Trauer ausreden wollen. Vielmehr wird es tröstlich erfahren, wenn jemand seiner Trauer und seiner Klage Raum gibt. Das entspricht wiederum der Art und Weise, wie die Psalmen mit Leid und Trauer umgehen.

* * *

Wir haben, ausgehend von einer Formulierung Luthers, Seelsorge in einem polaren Spannungsgefüge als den einen Pol im Gegenüber zu den sonstigen „Amtshandlungen" der Kirche geortet. Abschließend wollen wir noch einige Bemerkungen zur heutigen Praxis der Seelsorge machen.

In einem für mich vor 40 Jahren, als ich meinen Beruf als Pfarrer antrat, völlig unerwarteten Ausmaß wird heute seitens unserer Mitmenschen von der Kirche und ihren Pfarrern und Pfarrerinnen Seelsorge erwartet und beansprucht. Für unsere Zeitgenossen ist Seelsorge ein positiver Begriff. Ihre Erwartung an den Seelsorger und die Seelsorgerin läßt sich dabei am besten durch ein Hiob-Zitat (21,2) wiedergeben: „Hört doch meiner Rede zu, und laßt mir das eure Tröstung sein!" Eine große Rolle spielt auch der Wunsch nach Anonymität. Das läßt sich in der Telefonseelsorge, in den Beratungsstellen, in der Camping- und Kurseelsorge zweifelsfrei nachweisen. Es ist sinnvoll, daß in Krankenhäusern spezielle Krankenhausseelsorger arbeiten; sie haben bei vielen Menschen einen leichteren Zugang als der Ortspfarrer, der sein Gemeindeglied besuchen möchte. Ich sehe diesen Wunsch nach Anonymität und der damit verbundenen Distanz zu der Institution der Kirche wieder im Zusammenhang mit der aufgezeigten Polarität, in welche wir die Seelsorge hineingestellt sahen. Wir werden als Kirche gut daran tun, der Seelsorge am Rande der Ortsgemeinde besondere Aufmerksamkeit zu widmen.

Eine weitere Bemerkung. Ich war über 20 Jahre in der Seelsorge-Fort- und Weiterbildung tätig. Ich habe in dieser Zeit reichhaltiges Material sammeln können: schätzungsweise 3000 Protokolle von Seelsorgegesprächen aus den unterschiedlichsten Situationen: Haus- und Krankenhausbesuche, Telefonseelsorge, Beratungsgespräche, Kasualgespräche, Gespräche auf der Straße, in Justizvollzugsanstalten und in psychiatrischen Kliniken. Wir haben diese Gespräche ausgewertet und daraufhin befragt, wie hier Seelsorge geschieht. Das Ergebnis ist bestürzend: Wir Seelsorger und Seelsorgerinnen sind von Haus aus und fast durchgehend unfähig, zuzuhören und zu verstehen. Es zeigt sich von einem Gespräch zum anderen: Wir verstehen nicht, was uns unsere Gesprächspartner eigentlich sagen wollten. Viel zu früh vermeinen wir, wir hätten sie verstanden und geben dann Antworten, die sie wiederum nicht verstehen können. Wir geben Ratschläge, die das eigentliche Problem noch gar nicht im Auge haben. Wir verhindern, daß unsere Partner sich bis zu Ende aussprechen können, indem wir sie unterbrechen. Und dies alles tun wir, ohne es zu merken!

Erst bei näherem Hinsehen treten die massiven Kommunikationsstörungen zwischen den Seelsorgern und ihren Gesprächspartnern zutage. Über die Ursachen dieses alarmierenden Fazits unserer seelsorgerlichen Bemühungen kann man lange Überlegungen anstellen.

Die Kirche des Worts hat in Jahrhunderten das Reden, das Predigen und das Argumentieren eingeübt – sie hat dem anderen Pol: dem Zuhören, dem Aufhorchen und dem Wahrnehmen des anderen kaum Beachtung geschenkt.

Ein zweiter Grund für unser Defizit im Zuhören betrifft nicht in erster Linie die Kirche. Wir beobachten in unserer Zeit eine Verarmung, ein Verdorren unserer Sprachfähigkeit überhaupt. Die Sprache der Seele haben wir weithin verlernt. Wir sind darauf gedrillt, Informationen auszutauschen. Für das, was über die „bruta facta", die „nackten Tatsachen" hinausgeht, ist uns die Sprache weithin abhanden gekommen. Freilich machen wir die überraschende Beobachtung, daß der Mensch in Grenzsituationen, der erlebt, wie die Sprache der sachlichen Information nicht ausreicht, um sein Erleben zu beschreiben, sich unversehens in Bildern und Gleichnissen ausdrücken kann, welche der Sprache der Seele entstammen. Aber er versteht sich oft selber nicht darin, und von seiner Umgebung (wozu auch der Seelsorger gehört) wird er regelmäßig so wenig verstanden, daß er es oft nicht mehr wagt, sich auszusprechen.

Ein letzter Grund für unsere weitgehende Unfähigkeit, zuzuhören und zu verstehen, liegt in dem Umstand begründet, daß wir Seelsorger und Seelsorgerinnen Mühe damit haben, uns in unserer eigenen Seele einigermaßen zurechtzufinden. Eine Zeitgenössin Martin Luthers, Teresa von Avila, vergleicht die Seele mit einer großen Burg mit Tausenden von Gemächern.[5] Je tiefer man in die Burg eindringt, desto geheimnisvoller werden die Säle und Räume. Im Innersten wohnt das Geheimnis Gottes. Und nun beklagt sie, daß wir schon außen, in den Gräben, welche die Burg umgeben, Wächter aufgestellt haben, die uns daran hindern, die Burg mit ihren Sälen und Gemächern zu betreten und kennenzulernen. So bleiben sie uns weithin unheimlich und unbekannt. Vierhundert Jahre später hat ein großer Forscher diesem Phänomen – er nennt es „Widerstand" – sein Lebenswerk gewidmet: Sigmund Freud.

In der Tat: Es besteht eine große Angst, die Räume unserer Seele zu betreten, und es wird immer schwieriger, je tiefer wir in sie eindringen möchten. Wir können als Seelsorger aber andere nur so weit auf ihrem „Weg zur Seele" begleiten, wie wir selber gekommen sind. Deshalb gilt für Seelsorger seit alten Zeiten, daß sie Seelsorge für ihre eigene Seele in Anspruch nehmen, um Seelsorger für andere sein zu können. Ein anderes, säkulares Wort dafür, das vielfach mißverstanden worden ist, heißt „Selbsterfahrung". Es geht dabei um nichts mehr und nichts weniger, als daß wir unsere eigene Seele ein wenig mehr kennenlernen, daß wir also in einen Dialog mit ihr treten, so daß sie selber gesprächsfähig wird in Beziehung zu Gott, zum Nächsten und zur Umwelt. Es ist notwendig, daß ich auf die Sprache der Seele horche und sie verstehen lerne. Nur auf diesem Wege, der alles andere als ein Spazierweg ist, auf dem ich auch jemanden brauche, der mich ein Stück weit begleitet, kann ich zum Seelsorger für andere werden.

---

5 Teresa von Avila, Die Innere Burg, hg. und übersetzt von Fritz Vogelgsang, (Diogenes Taschenbuch 20643), Zürich 1979.

3.

Seelsorge und Theologie
in der gegenwärtigen Diskussion

Was hat die heutige Seelsorge (noch) mit Theologie zu tun? Und was die Theologie mit der heutigen Seelsorge? Wenn wir *Theologie* sagen, dann denken wir an die zentrale reformatorische Lehre von der Rechtfertigung des Sünders allein aus Gnade. Und wenn wir *Seelsorge* sagen, dann stehen uns unwillkürlich die Bemühungen vor Augen, humanwissenschaftliche Erkenntnisse für die Seelsorge nutzbar zu machen. Wenn wir nun Theologie und Seelsorge miteinander in Verbindung bringen wollen, dann lautet die Frage: Inwieweit ist die Berücksichtigung von Humanwissenschaften theologisch legitim? Diese Frage ist strittig, und der Streit wurde bisweilen mit unversöhnlicher Schärfe ausgetragen. Es ist zu einer deutlichen Polarisierung gekommen. Wo finde ich in diesem hochaufgeladenen Spannungsfeld meinen Standpunkt?

Beim Suchen nach dem eigenen Standort ist es hilfreich, sich ein wenig in der Geschichte der Seelsorge umzusehen. Das kann an dieser Stelle nur stichwortartig geschehen.

Was wir heute Seelsorge nennen, finden wir im Neuen Testament vielleicht am ehesten in dem Begriff der oikodome, der wechselseitigen „Erbauung" der Glieder am Leibe Christi wieder. Diese *Erbauung* geschieht durch Trösten und Ermahnen (1.Kor 14,4; 1.Thess 5,11).

Luther kannte den Begriff „Erbauung" in diesem Sinne noch nicht. Deswegen übersetzte er das griechische oikodome durchgehend mit „Besserung". Erst die Bibelrevision 1956 korrigierte diese Stellen und übersetzte mit Erbauung und erbauen. Dieser Begriff ist uns seit dem Pietismus vertraut, was sicher damit zusammenhängt, daß die kleine Gruppe eine besondere Bedeutung für die Seelsorge bekommt.

Im mittelalterlichen Katholizismus wird die Seelsorge an das kirchliche Amt gebunden und auf die Beichte reduziert. Die Reformation hat diese Bindung an das Amt gesprengt und – bei aller Wertschätzung der Beichte – auch die Seelsorge aus der Einengung auf die Beichte befreit. Die reformatorische Umschreibung für Seelsorge findet sich in der Formel aus den *Schmalkaldischen Artikeln*: „mutuum colloquium et consolatio fratrum" (wechselseitiges Gespräch und Tröstung der Brüder).

Auch in der lutherischen Orthodoxie wurde die Beichte hochgehalten – freilich bestand sie dort vor allem aus der Prüfung der rechten Lehre.

Im Jahr 1696 hat der Superintendent Heinrich Wilhelm Scharff aus Lühne (bei Lüneburg) anläßlich einer General-Kirchen-Visitation seiner Gemeinde eine „Abrechnung" vorgelegt[1], in der er auch seine Hausbesuche beschreibt. Da ist dann die ganze Hausgemeinde versammelt, und er bespricht sich mit dem Hausvater (die Hausmutter wird nicht erwähnt), mit den Kindern und dem Gesinde. „Dann lieset auf mein Begehren gewöhnlich ein jeder nach geendigtem Gebet auch seine Lektion aus der hl. Schrifft her, und zwar vom Kleinsten an bis zu den Größesten, daraus dann nötige Fragen formiret werden, damit ein jeder seine Lektion, und was ihm seiner Christenpflicht nach obleget, wohl verstehen möge: worauf auch die Prüfungen angestellt werden, ob die Kinder, Knechte und Mägde dem Wort des Herrn gemäß bezeigen." (Bei dem Hausva-

---

1 Die Lünische Rechnung / Vorstellend die Pflichten des Predigers und seiner Zuhörer / Hat am Sonntag Misericord. Domini Anno 1696 26. Apr. Bey der General-Kirchen-Visitation abgeleget / Und Nachhero etwas erweitert ans Licht gegeben Heinrich Wilhelm Scharff / SS. Theol. Lic. und Superintend. zu Lühn. Gedruckt im Jahr Christi / 1703. In Verlegung einiger guten Freunde. 369f.

ter wird dies offenbar fraglos vorausgesetzt.) Die orthodoxe Prüfung der Lehre verbindet dieser Superintendent schon mit pietistischen Elementen.

Der Pietismus war der Aufstand des Herzens gegen die Vorherrschaft des Kopfes. Wie schon erwähnt, gewann die kleine Gruppe als Ort der Seelsorge an Bedeutung.

Die Aufklärung brachte einen neuen Ansatz mit sich, den Menschen zu „entdecken". In der Seelsorge finden sich hier zum ersten Male didaktische Konzeptionen, Seelsorge zu lernen – Konzeptionen, die heute wieder von hoher Aktualität sind.[2]

Wenn schon diese Stichworte zeigen, daß unsere gegenwärtige Diskussion um Theologie und Seelsorge in einen großen und weitgespannten Rahmen gehört, so wird das noch deutlicher, wenn wir das 19. Jahrhundert und das erste Drittel des 20. Jahrhunderts in den Blick nehmen. Auch dies kann wiederum nur stichwortartig geschehen.[3]

Bereits Schleiermacher hat die geistige Freiheit des Gemeindeglieds als Aufgabe der Seelsorge bezeichnet. (1972 veröffentlichte Dietrich Stollberg seine programmatischen Thesen: „Mein Anfang – deine Freiheit".) Das „gemeinsame Priestertum aller Christen" wird für Alexander Schweitzer zum Rahmen, innerhalb dessen Seelsorge geschieht (1875). Heinrich Adolf Köstlin spricht von der „Seelsorgegemeinde" (1895). Und Emil Sulze fordert Laienseelsorger (1912). Bei Carl Immanuel Nitzsch lesen wir vom Nutzen der Menschen- und Selbsterkenntnis für den Seelsorger (1857), und Otto Baumgarten bezeichnet ein „fachgerechtes Studium der sozialen Situation" als Voraussetzung seelsorgerischer Tätig-

---

2 Vgl. meinen Aufsatz: Neue Wege in der Theologenausbildung. Das richtungweisende Konzept Heinrich Philipp Sextros, in: Hans Werner Dannowski/Waldemar R. Röhrbein (Hg.), Geschichten um Hannovers Kirchen, Hannover 1983, 143 f., sowie mein Buch: Kommunizieren lernen in Seelsorge und Predigt. Ein pastoraltheologisches Modell, Göttingen 1981. Darin knüpfe ich an Sextros Modell an.

3 Zum folgenden vgl. Friedrich Wintzer, Seelsorge. Texte zum gewandelten Verständnis zur Praxis der Seelsorge in der Neuzeit, (Theologische Bücherei 61), München 1978.

keit (1891). Bei Paul Drews lesen wir die These: „Nach unserer Auffassung muß die praktische Theologie mehr deskriptiv-induktiv betrieben werden", und er ruft nach einer „religiösen Volkskunde" ebenso wie nach einer „religiösen Psychologie" (1901). Und schließlich sei noch das Stichwort „Heilung" genannt, das Oskar Pfister in der Seelsorge an die Stelle von Trost im Sinne von Ablenkung gesetzt haben möchte (1927).

Wir sehen: Die Probleme, die uns in der Seelsorge und Seelsorgelehre seit Mitte der 60er Jahre beschäftigen, sind fast ausnahmslos bereits im 19. und frühen 20. Jahrhundert Themen gewesen, die ausführlich diskutiert und als Programm formuliert worden sind! Wo sind diese Themen in der Zwischenzeit geblieben, so daß sich bei uns die Vorstellung bilden konnte, das, womit wir uns heute beschäftigen, sei etwas ganz und gar Neues?

Friedrich Niebergall hat 1932 in einer Rezension der *Protestantischen Seelsorge* von Otto Baumgarten provozierend geschrieben: „Nun wäre ja die dialektische Theologie an der Reihe, zu der Aufgabe der Seelsorge sich zu äußern, wenn sie überhaupt Verständnis für dieses außer der Predigt liegende Menschenwerk hat."[4] Die dialektische Theologie blieb in der Tat ihre Antwort nicht lange schuldig. Hans Asmussens Buch erschien 1933, nachdem bereits 1928 Eduard Thurneysen seinen hinreißenden Aufsatz *Rechtfertigung und Seelsorge* veröffentlicht hatte. Der vielzitierte und vieldiskutierte „Bruch" im seelsorgerlichen Gespräch entspricht dem radikalen Bruch, den die dialektische Theologie zu den Bemühungen der Seelsorge der voraufgegangenen hundert Jahre vollzog. Fast alles, was bis dahin gedacht und erprobt worden war, wurde vom Tisch gefegt, und selbst die Namen der klassischen Seelsorgelehren des 19. Jahrhunderts wurden nicht mehr erwähnt, so daß sie sehr schnell vergessen waren. Es gab nur wenige Theologen, die an den damaligen Fragen weiterarbeiteten: Otto Haendler, Alfred Dedo Müller, Hans-Joachim Thilo und Joachim Scharfenberg – aber sie wurden

---

4 S. bei Friedrich Wintzer, S. 52 f.

weithin als Außenseiter betrachtet. Auf die kirchliche Praxis haben sie zunächst kaum Auswirkungen gehabt.

Es hat lange, allzu lange gedauert, bis die Praktische Theologie im deutschsprachigen Raum nach dem 2. Weltkrieg wieder den Anschluß an die Fragen und an die Problemkreise bekam, die sie vor 1933 bewegt hatten. Wie ist das zu erklären? Was Ernst Koch für die Homilektik nachgewiesen hat[5], dürfte auch für die Poimenik, die Seelsorgelehre, zutreffen: Die „Nachbarwissenschaften" der Theologie, die Soziologie und die Psychologie, waren ab 1933 entweder ausgeschaltet oder gleichgeschaltet worden und fielen deshalb als Gesprächspartner aus. Erst Ende der 60er Jahre gelang auf breiter Basis der Kontakt zwischen den Humanwissenschaften in der Bundesrepublik Deutschland und dem internationalen Forschungsstand der entsprechenden Disziplinen. Auf dem Gebiet der Seelsorge gaben die beiden Bücher von H. Faber/E. van der Schoot: Praktikum des seelsorgerlichen Gesprächs (1962, deutsche Übersetzung 1968) und von Dietrich Stollberg: Therapeutische Seelsorge, eine Darstellung der amerikanischen Seelsorgebewegung, 1969, entscheidende Anstöße.[6]

Und wieder gab es einen Bruch! Jetzt wurden die inzwischen zu „Klassikern" gewordenen dialektischen Seelsorgelehren von Asmussen und Thurneysen mit Vehemenz beiseitegeschoben. Wenn man heute Rudolf Otto liest (etwa „Das Heilige", erste Ausgabe 1917 – es gehörte für Otto Haendler bis zuletzt zur Pflichtlektüre seiner Studenten!), dann geht einem auf: Wir knüpfen heute wieder bei unseren „Großvätern" an, indem wir unsere „Väter" zu vergessen suchen. In jüngerer Zeit aber wird uns bewußt, daß wir damit unser

---

5 Ernst Koch, Der Prediger als Problem der Predigt in der Homiletik des 19. und 20. Jahrhunderts, in: H. Seidel/K.-H. Bieritz (Hg.), Das lebendige Wort. Festgabe für Gottfried Voigt zum 65. Geburtstag, Berlin (*DDR*) 1982, 218 ff.

6 H. Faber/E. van der Schoot, Praktikum des seelsorgerlichen Gesprächs, Göttingen [6]1980; Dietrich Stollberg, Therapeutische Seelsorge. Die amerikanische Seelsorgebewegung. Darstellung und Kritik, München 1969.

Verhältnis zu den „Vätern" keineswegs geklärt haben. Die dialektische Theologie liegt uns noch unverdaut im Magen. Der Überblick über 200 Jahre Theologiegeschichte der Seelsorge läßt uns bescheiden werden. So neu ist das alles nicht, was heute teilweise so aufgeregt diskutiert wird. Eine intensivere Beschäftigung mit der Geschichte der Seelsorge-(lehre) wird dem Streitgespräch um Theologie und Seelsorge förderlich sein.

Zugleich aber stellt sich uns die Frage nach dem „Bruch" neu. Wie konnte und kann der Eindruck entstehen, daß in den alten (vor-dialektischen) und wieder neuen Bemühungen um die Seelsorge die Theologie zu kurz komme?

Setzen wir bei der Frage ein, wie Seelsorge nach den Lehrbüchern von Asmussen und Thurneysen geschieht. Dabei liegt die Schwierigkeit, sich mit den Vertretern der Dialektischen Theologie auseinanderzusetzen, darin, daß diese einen anderen methodischen Ansatz haben als die heutige Seelsorgebewegung. Thurneysen und Asmussen bieten in erster Linie Theologie und Theorie, also in erster Linie Lehre. Was dann in der Praxis geschieht, ist nicht mehr Gegenstand theoretischer Reflexion. Die neuere praktische Theologie aber geht von der Praxis aus und versucht, diese kritisch und theologisch zu reflektieren.[7] Das läßt sich beispielsweise an den sog. Gesprächsanalysen aus der seelsorgerischen Praxis aufweisen. Diese diametral verschiedenen Ansatzpunkte erschweren das Gespräch mit den „Vätern" bis zur gegenseitigen Verständnislosigkeit.

Wir behalten also dies Problem im Auge, wenn wir die Seelsorgelehren der Dialektischen Theologie wie folgt charakterisieren: Alles, was Gegenstand seelsorgerlicher Bemühung sein kann, alles, wofür Seelsorge erwünscht und erbeten werden kann, erfährt eine grundlegende theologische Deutung, gleich, ob es sich um Beziehungsstörungen in Ehe und Familie, um Konflikte am Arbeitsplatz oder Krankheit

---

7 Das Handbuch der Praktischen Theologie, hg. v. Peter C. Bloth u. a., das seit 1981 in Gütersloh erschien, geht konsequent von den „Praxisfeldern" der Kirche aus. Jeder Artikel beginnt mit einer Fallschilderung. Daran schließen sich die weiteren Ausführungen an.

und Sterben handelt. Alles fällt unter die Deutung: „Sünde".
Aus der Sünde kann uns nur das Gnadenwort der Vergebung
befreien.

Von daher ist es zu verstehen, daß die Beichte im Mit-
telpunkt dieser Seelsorgelehre steht. Dem Beichtkind bleibt
nur die Erkenntnis und das Bekenntnis seiner Schuld. Dem
Beichtvater fällt die Rolle des Zuspruchs der Sündenverge-
bung zu. Von daher wird auch verständlich, daß diese Seelsorgelehre fest in die Homiletik eingebunden ist.

Mit welcher Ausschließlichkeit diese Rollenverteilung vor-
genommen wird, läßt sich an einer konkreten Situation
deutlich ablesen: an der Krankenseelsorge. Asmussens These
lautet hier: Es gibt nur eine berechtigte Form der Krankenseelsorge: Die Verkündigung und das Gebet, und er spitzt
dann zu: „Will man Gottes Wort nicht von uns, dann sind
wir auch nicht für anderes zu haben"[8] – eine grausame Fol-
gerung, wenn man sich heute etwa die Situation von Patienten in einem Großklinikum vor Augen hält!

Das führt zur Frage nach dem Hintergrund dieser Reduktion der Seelsorge auf die Verkündigung des Wortes Gottes
und das sich daraus ergebende Gebet. Was für eine Rolle
wird hier dem Seelsorger zugewiesen? Was ist das Amtsverständnis unserer „Väter" aus der Dialektischen Theologie? –
Es ist – wenn wir näher zusehen – das prophetische Amt, das
hinter dieser Seelsorge steht. Schon in Thurneysens Aufsatz
von 1926 fällt das ins Auge, etwa in seiner hinreißenden, ex-
pressionistischen Sprache und in seinem apodiktischen Stil:
„So ist es und nicht anders!" Es wird auch deutlich in seinem
Verständnis von dem, was Wort Gottes ist. Dies Wort wird
von oben nach unten zugesprochen, es zerschmeißt wie ein
Hammer Felsen, und es konfrontiert unerbittlich: „Du bist
der Mann!"

Der Prophet führt kein Gespräch. Er setzt sich nicht schwei-
gend hin, um zuzuhören. Er besucht keine Kranken und
Trauernden. Er legt nicht heilend und segnend die Hand auf.
Das ist nicht seines Amtes. Seine Aufgabe ist vielmehr, Got-

---

8 H. Asmussen, Die Seelsorge, München ³1935, 200.

tes fremdes Wort von den Dächern zu rufen oder auch einem Einzelnen zu sagen: „Du bist der Mann", wie Nathan es tat. Sein Wort ist Ruf zur Buße, Ansage des Gerichts – falls es nicht zur Umkehr kommt. Und dies in einer zweifellosen Eindeutigkeit, an der nicht zu rütteln ist.

Es sei an dieser Stelle einmal gesagt, daß die Vertreter dieser Seelsorgelehre keinesfalls eine rüde Seelsorgepraxis geübt haben. Zeitgenossen, die sie aufgesucht haben, können berichten, daß sie bei ihnen eine einfühlsame, barmherzige Seelsorge erlebt haben, bei der sie sich aussprechen konnten und von einem harten Bruch im Gespräch nichts verspürt haben.[9]

Dennoch wollen wir an dieser Stelle weiterfragen: Was für einen Sinn hat das Amtsverständnis, wie es uns in den Seelsorgelehren von Asmussen und Thurneysen begegnet, gehabt? – Wir werden diese Frage nicht beantworten können, ohne die Zeitumstände zu berücksichtigen, in die diese Lehren hineingesprochen wurden. Theologie und Kirche, Predigt und Seelsorge sahen sich einer massiven Bedrohung durch die nationalsozialistische Ideologie des sog. „Dritten Reichs" ausgesetzt, die drauf und dran war, sich – zunächst schleichend, dann immer militanter – des Evangeliums und der Kirche zu bemächtigen.

Das prophetische Amtsverständnis gab dem Amtsträger eine eindeutige Identität, die er als Schutz gegen die Anläufe des Antichrists nötig hatte. Freilich hatte diese Akzentuierung des Prophetischen im Amt des Pfarrers auch eine Kehrseite: und das war der Rückzug aus der Welt der religiösen Erfahrung. Damit war für die nationalsozialistische Ideologie ein Freiraum geschaffen, in dem sie sich weithin ungehindert austoben konnte.

Nun kann kein Zweifel daran bestehen, daß es sich bei der Akzentuierung des Prophetischen im Amt des Pfarrers um eine *einseitige* Akzentuierung handelt, um eine Reduktion auf *einen* Aspekt des Amtes. Ergänzt wird aber der prophetische Aspekt durch den priesterlichen Aspekt. Damit

---

9 Z.B. Dorothee Hoch, Offenbarungstheologie und Tiefenpsychologie in der neueren Seelsorge, (These, Existenz heute 195) München 1977.

stoßen wir auf einen Widerspruch im Pfarrer selbst, der darin besteht, „daß er als Priester lebt und als Prophet arbeiten will"[10]. Er ist ja normalerweise gebunden an ein „Heiligtum" und gewiesen an eine festumrissene Gesamtheit, die er in ihrer Gesamtheit wie in ihren einzelnen Gliedern betreuen soll.

Dieser Widerspruch wurde als Konflikt bei einer Fallbesprechung im Kreise eines Pfarrkonvents deutlich. Es ging um einen Krankenbesuch, den ein Pfarrer bei einem Patienten gemacht hatte, der einen schweren Herzinfarkt erlitten hatte. Der Patient erzählte dem Seelsorger von dem unerträglichen Streß an seinem Arbeitsplatz und brachte seine Erkrankung damit in Verbindung. Es entstand nun ein Streit unter den Pfarrern und Pfarrerinnen, welches die Aufgabe des Seelsorgers sei. Die einen meinten, er müsse schnurstracks zum Arbeitgeber gehen und ihn auf die unerträgliche Situation in seinem Betrieb hin ansprechen: „Du bist der Mann!" Die anderen vertraten die Ansicht, hier sei in erster Linie eine einfühlende, nicht-direktive, patientenzentrierte Begleitung vonnöten. Es kam zu einer unversöhnlichen Polarisierung, bis die Erkenntnis wuchs, daß hier ein Konflikt in den einzelnen Pfarrern angesprochen war, den man so zu lösen versucht hatte, daß man einen Pol in diesem Konfliktfeld auf einen anderen in dem Kreis projizierte, um ihn dort bekämpfen zu können.

Es gilt also zunächst, diesen Widerspruch, der mit unserem Amt gegeben ist, zu erkennen und in sich selber wahrzunehmen, um zu sehen, wie wir – jeder auf seine Weise – damit umgehen. Dann wird es möglich, daß diese beiden widersprüchlichen Aspekte in uns selber in einen Dialog eintreten. Und wir erkennen: Seelsorge gehört eher zum priesterlich-heilenden Aspekt des Amtes der Kirche. Er steht damit in Spannung zu dem prophetischen Aspekt, und wir können diese Spannung aushalten und brauchen ihr nicht auszuweichen, indem wir Seelsorge entweder mit Prophetie identifizieren oder den prophetischen Aspekt in unserem

---

10 Manfred Josuttis, Der Pfarrer ist anders. Aspekte einer zeitgenössischen Pastoraltheologie, München 1982, 28 ff.

Amt völlig aus dem Auge verlieren. Jedes hat seine Zeit und seinen Ort. Und beide Pole sind wie in einer Ellipse aufeinander bezogen. Aber sie fallen nicht ineinander.

Es wird nun auch verständlich, warum wir heute – nach einer Zeit der einseitigen Akzentuierung des Prophetischen im Amt des Pfarrers – versuchen, diese Reduktion aufzulösen, und lernen möchten, den – bei aller Kontinuität sich auch immer wieder wandelnden – Menschen wahrzunehmen, der uns priesterlich anvertraut ist. Verständlich wird auch, daß wir dabei in ein Gespräch mit den „Nachbarwissenschaften" eingetreten sind, wobei wir nicht nur von ihnen lernen, sondern auch umgekehrt. Bei der Auflösung der hier beschriebenen Einseitigkeit und Reduktion haben übrigens die Frauen unter den Theologen einen starken Anteil. Sie haben sich in den letzten 25 Jahren immer stärker in der Seelsorge und Krankenhausseelsorge engagiert. In jüngster Zeit erschienen zwei Dissertationen von ihnen über zentrale Probleme der Seelsorge.[11] Vermutlich leiden sie weniger unter den Verunsicherungen und Ängsten als ihre männlichen Kollegen, wenn das Selbstverständnis ihres Amtes sich wandelt. Die beschriebene Eindeutigkeit im Amt vermittelte ja auch ein Stück Sicherheit.

Ich schlage nun vor, daß wir beim Suchen nach einem eigenen Standort nicht so sehr fragen: Was *ist* Seelsorge? Definitionen haben ja immer den Sinn, ein- und abzugrenzen. Und wir sind ja gerade dabei, allzu enge Grenzen zu erweitern. Darum möchte ich lieber fragen: Wie *geschieht* Seelsorge? Dabei sind wir uns des Risikos bewußt, daß vieles offen bleiben muß und daher angreifbar ist.

Folgen wir der schon öfter zitierten reformatorischen Formel, dann ist Seelsorge zunächst als ein wechselseitiges Gespräch umschrieben. Das ist keinesfalls so selbstverständlich, wie es zunächst scheinen mag. Seelsorge war weithin definiert durch: Ermahnen, Trösten, Strafen. Aber das alles wäre

---

11 Isolde Karle, Seelsorge in der Moderne. Eine Kritik der psychoanalytisch orientierten Seelsorgelehre, Neukirchen 1996; und Uta Pohl-Patalong, Seelsorge zwischen Individuum und Gesellschaft. Elemente zu einer Neukonzeption der Seelsorgetheorie, Stuttgart 1996.

immer noch ein einseitiges Gespräch und nicht ein mutueller Vorgang (mutuum colloquium), in dem demjenigen, was der andere sagt, der gleiche Wert beigemessen wird wie dem, was ich sage. Joachim Scharfenberg hat aufgezeigt, daß es Johann Christoph Blumhardt war, der die ganze Bedeutung des Sich-aussprechen-könnens für das Heil-werden erkannte. In der Regel wurde Seelsorge als väterliche/mütterliche Funktion beschrieben. Väter und Mütter wissen mehr als die Kinder. Sie nehmen in allem, was sie tun, eine erzieherische Funktion wahr. Heute sind wir auf der Suche nach einer brüderlich-schwesterlichen Beziehung in der Seelsorge. Sowohl Pfarrer und Pfarrerin als auch ihre Gesprächspartner haben oft den Wunsch nach einer mehr symmetrischen Beziehung.

Seelsorgerlich wird das Gespräch dadurch, daß es einer im Namen Jesu beginnt. Das braucht nicht expressis verbis ausgesprochen zu werden. Allein schon dadurch, daß sich einer der beiden Gesprächspartner als Seelsorger im Namen der Kirche zu erkennen gibt, steht das Gespräch unter diesem Zeichen. Eine Garantie dafür, daß dies Gespräch dann vor den Augen Gottes auch wirklich ein seelsorgerliches wird, gibt es nicht. Trotz aller Methode und trotz aller Theologie, die in einem Gespräch ausgetauscht werden mag – Seelsorge ist nicht machbar. Das entläßt uns nicht aus unserer Verantwortung, die wir wahrnehmen, wenn wir unser Tun ständig methodisch und theologisch kritisch reflektieren. Dabei kann es uns entlasten, wenn wir die Verantwortung für ein Gespräch nicht ganz alleine übernehmen. Auch unser Gesprächspartner hat ein Stück Verantwortung für das Gelingen eines Gesprächs als seelsorgerliches.

Meinem eigenen Ansatz folgend möchte ich an dieser Stelle ein Beispiel aus der Praxis wiedergeben. Es ist – wie jedes Gespräch – ein einmaliger, unwiederholbarer Vorgang. Man kann es also nicht nachmachen. Aber es lädt ein zu methodischer und theologischer Reflexion. Wie ist hier Seelsorge geschehen? Wodurch ist hier ein Mensch getröstet worden?

Frau F. ist um die 50 Jahre alt und von Beruf Lehrerin. Jetzt liegt sie auf der Krebsstation eines Krankenhauses. Der Krankenhausseelsorger hatte sie schon mehrfach besucht und sich angeregt mit ihr unterhalten. Meist saß sie dabei in ihrem Sessel. Diesmal liegt sie im Bett, bis zu den Ohren zugedeckt.

Auf sein Anklopfen ruft sie „Herein!". Aber als er eintritt und sie wahrnimmt, ist er nicht ganz sicher, ob sie seinen Besuch wünscht. Ihr Gesicht ist dem Eintretenden zugewandt, aber fast nicht zu sehen. Deshalb fragt er, ob er sie beim Schlafen störe. „Nein", antwortet sie. „Kommen Sie rein, setzen Sie sich. Ich hatte heute eine schwere Behandlung. Da ist man oft deprimiert. Da freue ich mich, wenn jemand kommt und mich ablenkt." Der Pastor denkt: Das will ich aber überhaupt nicht! Gleichwohl nimmt er sich einen Stuhl und setzt sich so, daß die Patientin ihre Lage nicht verändern muß.

Die kranke Frau sagt jetzt unvermittelt, daß man jetzt auch „etwas im Kopf gefunden" habe, und sie fügt hinzu: „Aber wo nichts ist, da kann man auch nichts finden." Mit dieser witzigen Bemerkung will sie sich entlasten. Der Seelsorger erwidert: „Na, den Eindruck hatte ich bislang aber nicht, daß bei Ihnen nichts im Kopf ist!"

Die Frau erzählt nun ein wenig von der neuen Behandlung, und wie die sie mitgenommen habe. „Und dann mußte ich mich ins Bett legen lassen. Sonst konnte ich immer noch allein ins Bett kommen. Da laufen dann die Tränen wie von selbst. Wie aus einem Kran, wissen Sie." Das „Wissen Sie" versteht der Pastor als Appell, darauf etwas zu sagen. Und er erwidert entlastend: „Die brauchen Sie auch nicht zurückzuhalten." – „Gestern war meine ganze Familie noch einmal da", sagt die Frau weiter, und mit leiserer Stimme fügt sie hinzu: „Ich hatte sie rufen lassen." Und weiter erzählt sie, sie habe zu ihnen gesagt: „Jetzt schaut mich noch einmal an. Ich weiß nicht, ob ihr morgen noch mit mir reden könnt." – „Sie hatten Angst, Sie könnten den Verstand verlieren?" fragt der Pastor. Das bestätigt die Frau und erzählt, sie habe bei der Bestrahlung ganz wunderbare Bilder gesehen, wie ein schönes Gemälde. Und sie habe das Gefühl gehabt, immer kleiner zu werden, „als würden mich die Strahlen immer kleiner werden lassen", und auf seine Nachfrage sagt sie, daß sie das geängstigt habe.

In den vorigen Gesprächen hatte die Frau nie über ihren Glauben gesprochen, und der Pastor hatte auch nicht versucht, sie daraufhin anzusprechen. Jetzt sagt sie plötzlich und unvermittelt: „Glauben ist ein Trost. Ich glaube auch an Gott, aber nicht so, wie es immer gesagt wird. Daß da eine Kraft ist, die den ganzen Kosmos zusammenhält, das kann ich gut begreifen. So eine unendliche Kraft. Aber daß der auch für mich da ist ... Eher wie ein Lehrer, der sagt: Tobt mal, ich schaue zu, was ihr da macht. Aber was da in den Köpfen vorgeht, das weiß er auch nicht. Ich verstehe so vieles nicht. Da ist so viel Ungerechtigkeit, die ich nicht verstehe. Und so viel Leiden. Das kann ich nicht verstehen."

Der Seelsorger möchte dies auf die Frau selbst beziehen und sagt: „Daß Sie jetzt leiden müssen, das können Sie nicht verstehen." Aber die Frau hat offenbar das Bedürfnis, damit nicht ganz alleine dazustehen und erwidert: „Nicht nur ich. Viele Menschen." Das versteht der Seelsorger, und er erzählt: „Wissen Sie, ich war in Chile. Ich habe das ziemlich nah mitbekommen, wie Menschen leiden mußten. Ich habe das nicht verstanden. Und jetzt bin ich hier in diesem Krankenhaus. In jedem Zimmer Menschen, die leiden. Ich verstehe das auch nicht. Ich weiß auch nicht, warum das sein muß ..."

Hier hatte der Seelsorger das Gefühl, der Frau in dem ganzen Gespräch am nächsten zu sein. Er wollte ihr noch mehr sagen, aber er konnte es nicht. Dafür spricht nun die Frau weiter: „Als ich operiert wurde, da hatte ich sehr große Angst. Aber dann war die Angst plötzlich weg. Und ich habe mir gedacht: So wird das einmal sein. Dann wird die Angst weg sein. Ja, so wird das sein. Aber andere denken darüber ganz anders. Wie denken Sie darüber?" Der Seelsorger antwortet: „Ich weiß nicht, wie es mal sein wird. Aber ich persönlich kann mir nicht vorstellen, daß mit dem Tod alles aus ist. Auf irgendeine Weise, denke ich, wird es gut sein. Sie haben das viel besser ausgedrückt, was ich auch empfinde." Die Patientin spricht jetzt von den Mennoniten. „Die denken, nur sie kommen in den Himmel. Sie glauben so fest an Gott. Und nur, wer so glaubt wie sie, der kommt in den Himmel. So einen Glauben habe ich nicht." Und der Pastor stimmt ein. Er könne sich nicht vorstellen, daß Gott so kleinlich ist. „Und wissen Sie: So einen Gott, der nur für ein paar Mennoniten da ist – so einen möchte ich auch gar nicht haben." Die Frau nennt noch die Herrnhuter, die auch ganz genau wüßten, warum das so ist und wer in den Himmel komme und wer nicht. Und berichtet dann von einer Besucherin, die mit ihr beten wollte und ganz enttäuscht war, als sie das nicht wollte. „Beten kann ich nur allein. Da ziehe ich mir die Decke über die Ohren. Das braucht niemand zu wissen." Darauf erwidert der Pastor zweierlei. Er verweist auf Jesus, der auch so gesagt habe: Wenn du beten willst, dann geh in dein Kämmerlein. Aber weil er doch den Wunsch hat, mit der Frau zu beten, sagt er: „Ich könnte mir höchstens vorstellen, so zu zweit, wenn man wirklich miteinander betet." Und die Frau: „Wenn man gleich fühlt, ja." Und der Seelsorger, der sich der Frau sehr nahe fühlt: „Ja, so kann ich mir das allenfalls vorstellen." Doch die Patientin geht nun auf Distanz. „Sie als Tänzer und ich ohne Beine – wie sollen wir da miteinander beten!" Da ist doch ein großer Unterschied zwischen ihnen. Er kann noch gehen und tanzen. Und sie bereitet sich zum Sterben. Darüber spricht sie jetzt teils in Bildern und Symbolen, teils unverhüllt. Wir übergehen das jetzt und wenden uns dem Schluß des Gesprächs zu. Unvermittelt sagt sie: „Haben Sie denn überhaupt so viel Zeit für mich? Sie haben doch sicher noch viele zu besuchen", und gibt damit zu erkennen, daß sie das Gespräch abschließen möchte. Doch der Pastor möchte eigentlich noch nicht gehen: „Ich unterhalte mich gerne mit Ihnen. Sie können Dinge oft viel besser ausdrücken als ich das kann." – „Sie machen mir Komplimente!" – „Das sind keine Komplimente, das *ist* für mich so." Darauf sagt dann die Frau zum Abschluß, wie sie den Seelsorger sieht und was sie von ihm hält: „Also, was mich an Ihnen fasziniert, ist, wie Sie das sagen. Daß Sie auch Zweifel haben. Das habe ich bei Leuten Ihres Standes noch nicht erlebt. Da hieß es immer nur: So muß es sein. So mußt du das glauben!"

Und nach dem „Auf Wiedersehn" bittet sie: „Kommen Sie wieder. Ich bin nächste Woche auch noch hier."

Der Seelsorger war von diesem Gespräch sehr beeindruckt und zugleich auch verunsichert. Hätte er den christlichen Glauben nicht deutlicher und eindeutiger bezeugen müssen? Das Gespräch selbst zeigt, wie der Pastor der Frau hilft, *ihren*

Glauben zu sagen, wie sie sehr persönlich auch über ihre Zweifel, Fragen und über ihr Sterben sprechen kann – und wie wohl ihr das tut. Die Gruppe, welcher der Pastor dies Gespräch vorlegte, sah in seinem Verhalten ein Stück (– Seelsorge ist immer bruchstückhaft –) Praxis des Evangeliums.

4.

Theologie des Kreuzes
in der Seelsorge

In der Krankenhausseelsorge unserer Tage fällt auf, daß das Kreuz Jesu für die Bewältigung der eigenen Leidenssituation kaum eine Rolle spielt. Aus evangelischer Tradition stammende Patienten und Patientinnen sind auf Leiden und Kreuz Jesu in der Regel nicht ansprechbar. Katholische Christen haben nach unseren Erfahrungen eher einen Zugang zum leidenden Jesus, vermutlich auf Grund der „Kreuzwegstationen", vor denen sie in ihren Kirchen in der Passionszeit während eines Umgangs verharren.

Theologie und Predigt haben Leiden und Sterben Jesu in erster Linie mit der Sünde des Menschen in Verbindung gebracht: „Um unserer Sünde willen gekreuzigt und gestorben." Auch die lutherische Karfreitagsliturgie ist ganz und gar auf unsere Sünde konzentriert. Leidende Menschen, die den Sinn ihrer Krankheit in ihrem Glauben zu entdecken versuchen, finden ihn dann oft in dem Gedanken, daß ihr Zustand vielleicht eine Prüfung ihres Glaubens sei – wobei sie diese Prüfung in der Regel nicht bestehen. Das *Kreuz* selber blieb nur allzu oft dem Leiden in der Nachfolge Jesu vorbehalten. „Kreuz ist nicht Ungemach und schweres Schicksal, sondern es ist das Leiden, das uns aus der Bindung an Jesus allein erwächst."[1] Auch bei denen, die Dietrich Bonhoeffer nicht gelesen haben, ist dies Urteil allgegenwärtig. So entsteht ein Bild von Jesus und seinem Leiden, das über unserem

---

1 Dietrich Bonhoeffer, Nachfolge, München ³1950, 41.

Ungemach und Schicksal so weit erhaben ist, daß es nicht zu trösten vermag. Ein leidender Mensch erfährt sein eigenes Schicksal gegenüber dem Kreuz Jesu als herabgesetzt.

Aber nicht nur Theologie, Predigt und Liturgie machen es Menschen, die sich als Patienten und Patientinnen erfahren müssen, schwer, sich des Kreuzes Jesu zu getrösten: Auch in der Seelsorge entdecken wir, wenn wir näher hinschauen, Probleme, die geeignet sind, den Zugang zum Kreuz, dem zentralen Symbol des christlichen Glaubens, eher zu versperren als zu öffnen.

Notwendig erscheint also eine neue Auseinandersetzung mit der Theologie des Kreuzes, und im Zusammenhang damit auch mit unserer Praxis als Seelsorger und Seelsorgerinnen.

Unseren theologischen Ausgangspunkt nehmen wir bei den Thesen, die Luther für eine Versammlung der deutschen Augustinerkongregation, die im Jahr 1518 in Heidelberg stattfand, verfaßt hat, die sogenannte *Heidelberger Disputation*.[2] Uns interessieren darin vor allem die Thesen 19 bis 24 und die dazugehörenden „probationes" (Beweise). Diese Thesen reden vom „theologus gloriae" und dem „theologus crucis", vom Theologen der Glorie also und vom Theologen des Kreuzes. Dabei steht für Luther die rechte Erkenntnis Gottes und der Wirklichkeit der Welt auf dem Spiel.

Wichtig für das Verständnis der Thesen ist die Beobachtung, daß Luther in ihnen den theologus (und unausgesprochen auch die theologa) zitiert. Es geht ihm also nicht um eine vom Theologen selbst zu abstrahierende Theologie, sondern um die Existenz des Theologen selbst, und zwar, wie auch ungezählte Stellen aus seinen Briefen und Tischreden bezeugen, um seine Existenz als Angefochtener.

In der probatio zu These 21 taucht der Begriff des Deus absconditus, des verborgenen Gottes, auf. Er wird – entgegen einem verbreiteten Mißverständnis – nicht einem sichtbaren oder geoffenbarten Gott gegenübergestellt. Vielmehr

---

2 Luthers Werke in Auswahl (O. Clemen), Bd. *V*, hg. v. Erich Vogelsang, 375 ff.

erkennt der Theologe des Kreuzes Gott allein in seiner Verborgenheit am Kreuz.

Luther nennt seine Thesen eine „theologia paradoxa". Im Sinne der antiken Rhetorik ist paradox, was im Widerspruch zur herrschenden Meinung ist. Es sind also Thesen des Widerspruchs.

Mit der Existenz des Theologen als Angefochtener hängt zusammen, daß für Luther die Theologie eine „praktische Theologie" ist – im Gegensatz zur spekulativen Theologie, „die gehört in die Hölle zum Teufel"[3]. Die Theologie des Kreuzes entspricht also der „praktischen Theologie", während die „Theologie der Glorie" eine spekulative Theologie ist.

Die Theologie des Kreuzes hat sich also in der Praxis, in der Wirklichkeit dieser Welt zu bewähren. Einer der Orte, wo die Theologie sich zu bewähren hat, ist die Seelsorge an Kranken und an Sterbenden. Wollen wir untersuchen, was sich in der Praxis der Seelsorge abspielt, so bietet sich dafür seelsorgerliches Schrifttum an, in dem Theologen versuchen, angefochtene Menschen anzusprechen. Die lange Tradition der „alten Tröster" ist dafür ein gutes Beispiel. Wenn wir diese Schriften studieren, dann beschäftigen wir uns vornehmlich mit der Tradition, also mit der Vergangenheit. Eine andere Möglichkeit, sich mit der Seelsorge *hier und jetzt* zu beschäftigen, ist die Untersuchung von Gesprächsprotokollen seelsorgerlicher Gespräche. In der Klinischen Seelsorgeausbildung arbeiten wir großenteils mit Gedächtnisprotokollen, wo die Seelsorger und Seelsorgerinnen in wörtlicher Rede das aufzeichnen, was sie von ihren Gesprächen behalten haben. Dadurch werden die Kommunikationsstrukturen dieser Gespräche besonders deutlich.

Einem derartigen Gesprächsprotokoll wenden wir uns im Rahmen dieser „praktischen Theologie" zunächst zu. Eine Seelsorgerin besucht eine Frau, mit der sie schon zuvor Kontakt aufgenommen hatte. Die Patientin war inzwischen

---

3 Tischreden Veit Dietrich, Luthers Werke in Auswahl, hg. v. O. Clemen, Bd. *VIII*, Nr. 153, 25.

verlegt worden, so daß die Seelsorgerin sie erst suchen mußte.

Die Patientin, eine Frau von etwa über 50 Jahren, liegt auf dem Rücken. Die Hände hat sie zusammengelegt und nach oben gestreckt. Ihr Mund bewegt sich ständig.

S(eelsorgerin): Guten Tag, Frau H., da habe ich Sie endlich hier gefunden.

P(atientin): Helfen Sie mir! Helfen Sie mir doch!! Helfen Sie mir doch!!

S: Ja, wie kann ich Ihnen denn helfen?

P. Helfen Sie mir! Helfen Sie mir doch! Helfen Sie mir doch!!

S: Ich möchte Ihnen ja gern helfen, aber ich weiß im Augenblick gar nicht, wie ich Ihnen helfen kann.

P: Helfen Sie mir doch! Helfen Sie mir doch! Helfen Sie mir doch!!

Eine Schwester kommt herein, sie sagt:

Sr.: Wir haben ihr schon so viel gegeben, daß es fast nicht mehr zu verantworten ist. (Zur Patientin gewandt:) Frau H., die Ärztin kommt gleich noch einmal zu Ihnen.

Die Schwester geht wieder hinaus.

P: Hilf mir doch, Du! Hilf mir, Du!

Eine Ärztin kommt und gibt Frau H. Tropfen auf einem Löffel. Dann geht sie wieder.

P: Hilf mir doch, Du! Hilf mir, Du!

Allmählich wird die Frau ruhiger, läßt die Hände sinken und schließt ihre Augen.

Die Gruppe von Seelsorgern und Seelsorgerinnen, in der dies Protokoll besprochen wurde, reagierte zunächst höchst irritiert. Hat man der Frau vielleicht doch nicht genügend Schmerzmittel gegeben, so daß sie noch große Schmerzen hat? Vielleicht leidet sie an einem Erstickungsanfall? Oder sie hat einen Herzanfall? Doch das ist wenig wahrscheinlich. Ärzte und Schwestern kümmern sich ja intensiv um sie, und Medikamente hat sie nach Auskunft der Schwester auch übergenug bekommen.

Ein Gruppenmitglied sagt: „Mich macht diese Frau aggressiv. Sie benimmt sich wie ein kleines Kind und schreit und weint nur und versucht, die Ärztin und die Schwestern und nun auch die Seelsorgerin an ihr Bett zu fesseln. Sie hört gar nicht zu! Vielleicht müßte man ihr einmal deutlich machen, daß sie nicht allein auf der Welt ist!"

Aber auch die Seelsorgerin bekam ihren Anteil an Aggressionen ab. So hilflos hätte sie sich nun wirklich nicht zu verhalten brauchen! Warum steht sie da so stocksteif am Bett der Frau? Sie hätte sie doch in den Arm nehmen können, wenigstens die Hand hätte sie ihr auf die Schulter legen können, oder die nach oben ausgestreckten Hände der Frau hätte sie ergreifen können.

Ganz ohne Zweifel stürzt diese kranke Frau ihre ganze Umgebung und nun darüber hinaus auch noch die Seelsorge-Gruppe, die sich mit ihrem Rufen konfrontiert sieht, in eine tiefe Ohnmacht. Die Krankenschwester sieht daraus nur den Ausweg, die Ärztin herbeizurufen. Und die Ärztin sucht für sich den Ausweg aus der Ohnmacht, indem sie der Frau weitere Beruhigungstropfen verabreicht. Das tut sie wortlos, und danach geht sie wieder. Die Gruppe berät, was die Seelsorgerin hätte tun können.

– Hätte sie die Frau fragen können: Was soll ich denn für Sie tun? – Höchstwahrscheinlich hätte die Frau keine konkrete Bitte äußern können. Vielmehr war ihr Rufen Ausdruck höchster Verzweiflung.

– Hätte sie versuchen können, die Frau zu beruhigen? „Beruhigen Sie sich doch, bitte beruhigen Sie sich! Man tut hier doch alles für Sie!" Aber das haben Schwestern und Ärzte ihr auch schon mehrfach gesagt und keinen Erfolg damit gehabt. Der Ton, mit dem diese Worte gesagt werden, ist ein ermahnender und weckt bei der Frau nur Irritationen.

– Hätte sie nach konkreten Beschwerden fragen können: „Haben Sie Schmerzen? Kriegen Sie keine Luft mehr?" Aber darauf hätte die Frau mit ziemlicher Sicherheit keine bejahende Antwort gegeben. Man hatte ihr ja schon beruhigende und schmerzlindernde Medikamente gegeben.

– Bibel- und Gesangbuchverse schließlich wären an der Frau abgeprallt. Sie hätte sie nicht hören können, so lange sie selber ruft und schreit.

Nein, diese Frau ist eine echte Anfechtung für die Schwestern und die Ärzte, die sie umsorgen, auch für die Seelsorgerin, die sie aufsucht, und nun schließlich auch für die Gruppe, die sich mit ihr beschäftigt. Sie wissen alle nicht, was ihr Rufen nach Hilfe für einen Grund hat. Und deshalb können sie nicht helfen.

Damit sind wir wieder bei dem Zentralbegriff unseres Themas gelandet. Die Menschen um diese Frau sind *angefochten*.[4]

Kehren wir noch einmal zu Luthers Thesen zurück. In der These 21 formuliert er eine wichtige inhaltliche Bestimmung der beiden gegensätzlichen Theologien. „Der Theologe der Herrlichkeit nennt das Böse gut und das Gute böse. Der Theologe der Glorie sagt, was Sache ist („id quod res est"). Er versucht nicht, das Leid zu beschönigen, indem er es für „nützlich" erklärt. Und Klage, Anklage, Zweifel und Verzweiflung nennt er nicht böse. Sondern er hält dem Kreuz stand und sagt, „was Sache ist".

Es gibt eine lange Tradition christlicher Trostliteratur, die sich bis in die ersten Jahrhunderte des Christentums und von dort bis in die antiken Trostschriften (Consolationen), beispielsweise eines Seneca, zurückverfolgen läßt. Dort ist verdächtig häufig vom „Nutzen des Leids" und später vom „lieben Kreuz" die Rede.

Aber auch andere Trostmotive, die wir häufig in seelsorgerlichen Gesprächen hören können, haben ihre lange Tradition. Der Hinweis auf Menschen, denen es noch schlechter gegangen ist als dem Gesprächspartner, und die damit besser fertig geworden sind als er – dies Motiv findet sich häufig in den antiken Consolationen. Für jung Verstorbene gilt: Wer weiß, was ihnen dadurch alles erspart geblieben ist! Manchmal haben Leidende und Trauernde solche Sätze schon so verinnerlicht, daß sie sich (in Gegenwart eines Seelsorgers!) damit selber zu trösten versuchen.

---

4 Der katholische Pastoralpsychologe Hermann Stenger sagte mir einmal, daß der Begriff „Anfechtung", der von Luther her die evangelische Frömmigkeit (mehr noch als die Theologie) stark geprägt hat, im katholischen Raum kaum eine Rolle spielt.

Geduld und Gelassenheit war schon in der Stoa eine Tugend. Die „Alten Tröster" haben mit entsprechenden Ermahnungen und Begründungen Folianten gefüllt.[5] In manchem Verteilschrifttum am Krankenbett fehlen derartige Ermahnungen mit den dazugehörenden Begründungen nicht. Unser Gesangbuch schließlich spiegelt in manchen seiner Kreuz- und Trostlieder jene Frömmigkeit wieder,[6] die – säkularisiert – in vielen Todesanzeigen unserer Tage glorifiziert wird: theologia gloriae. Der Theologe des Kreuzes aber sagt, was Sache ist.

Wir müssen es uns eingestehen – vor allem als professionelle Seelsorger und Seelsorgerinnen, wie schwer das für uns ist, sich ständig von der Not und Verzweiflung anderer Menschen betreffen zu lassen. Wir werden dann ja unweigerlich in dessen Ohnmacht mit hineingezogen. Uns ergeht es dann wie jenem Simon von Kyrene, der unversehens – ohne zu wissen, wie er dazu kam – das Kreuz eines anderen auf seinen Schultern spürte, was ihn atemlos und sprachlos machen mußte.

So ahnen wir vielleicht, weshalb wir oft mehr Theologen der Glorie als Theologen des Kreuzes sind. Es würde uns wohl sonst so gehen wie Martin Luther. „Denn es ist mir so", erzählt er einmal bei Tisch, „wenn ich aufwache, so kompt der Teuffel bald und disputiert mit mir, so lang bis ich sage:

---

5 Vgl. Constantin Große, Die Alten Tröster. Ein Wegweiser in die Erbauungsliteratur der evang.-luth. Kirche des 16.–18. Jahrhunderts, Hermannsburg 1900.

6 Vgl. dazu meine Textinterpretationen der Rubrik „Gottvertrauen, Kreuz und Trost" des Evangelischen Kirchengesangbuchs (1950) im Handbuch zum Evang. Kirchengesangbuch, Liederkunde 2. Teil, Göttingen 1990, Nr. 280–307, 258 ff., vor allem des Lieds von Paul Gerhardt: Gib dich zufrieden und sei stille (288 f.) und des Lieds Nr. 305: Endlich bricht der heiße Tiegel (311), das im Evangelischen Gesangbuch (1993) nicht mehr aufgenommen ist. Zum letzten Lied vgl. auch meinen Aufsatz: Vom Sinn des Leidens, Theologische Erwägungen an Hand eines Kirchenlieds, in: Pastoraltheologie 56, 1957, 501 ff.

Leck mich am A.; Gott ist nicht zornig, wie du sagst!"[7] Öfter aber fliehen wir die Anfechtung und benutzen dazu jene Mittel, vor denen schon Carl Rogers und in seinem Gefolge H. Faber und E. van der Schoot[8] im Namen einer unverstellten Kommunikation gewarnt haben: Wir verallgemeinern, dogmatisieren, moralisieren und üben Druck aus, und tun das alles theologisch wohlbegründet.

Unsere Gesprächspartner und -partnerinnen spüren natürlich, daß wir ihrer Anfechtung und unserer Ohnmacht auszuweichen versuchen. Unsere Abwehr bleibt ihnen nicht verborgen. Es entgeht ihnen nicht, daß wir nicht bereit sind, die zweite Meile mitzugehen und uns unter das Kreuz zu beugen, das sie zu tragen haben. Ein-, zwei- oder auch dreimal versuchen sie, es dringlich zu machen. Dann resignieren sie: „Sie haben sicher noch andere Patienten zu besuchen."

Kehren wir noch einmal zu jener Gruppe zurück, die sich mit dem Gesprächsprotokoll der um Hilfe rufenden Frau befaßte und sich davon anfechten ließ. Irgendwann merkten die Seelsorger und Seelsorgerinnen, daß sie mit ihrer Aggressivität auf ihre eigene Ohnmacht reagierten, der sie tagtäglich ausgeliefert waren. Von da an nahm das Gespräch einen anderen Verlauf. Sie nahmen Dinge wahr, die sie zuvor übersehen hatten. In dem Protokoll kommt die Seelsorgerin – abgesehen von der Begrüßung – nur zweimal zu Wort. Auf den Hilferuf der Frau reagiert sie zunächst mit der Frage: „Ja, wie kann ich Ihnen denn helfen?" Da geht es noch um das Wie der Hilfeleistung. Die kranke Frau reagiert aber nicht auf ihre Frage und wiederholt nur ihren Hilferuf. Die zweite Äußerung der Seelsorgerin lautet: „Ich möchte Ihnen ja gerne helfen, aber ich weiß im Augenblick gar nicht, wie ich Ihnen helfen kann." Da bekennt sie sich zu ihrer Ohnmacht. Mehr sagt sie nicht. Sie bleibt nur. Die Schwester und die Ärztin bleiben nicht und sind auch nie bei ihr geblieben.

---

7 Tischreden Veit Dietrich, Luthers Werke in Auswahl, hg. v. O. Clemen, Band *VIII*, 22.

8 Carl R. Rogers, Client-Centered Therapy, Boston 1965; H. Faber/ E. van der Schoot, Praktikum des seelsorgerlichen Gesprächs, Göttingen ⁶1980.

Dann fiel jemandem in der Gruppe auf, daß die Patientin dreimal ihren Hilferuf anhebt, und daß sie ihn jedesmal dreimal ruft, also im ganzen neunmal. „Wie in der Litanei das Kyrie eleison", erinnert ein anderer.

Und dann tritt eine auffällige Änderung in dem Hilferuf ein. Als die Schwester geht, und als die Ärztin geht, sagt die Patientin: „Hilf mir doch, Du! Hilf mir doch, Du!" Es ist, als ob sie jetzt wahrnimmt, daß ein Mensch bei ihr ausharrt, während das vorherige Rufen „Helfen Sie mir doch!" noch gleichsam ins Leere ging. Jetzt ist ein Du da, das sie ansprechen kann. Und es kehrt, wie die Seelsorgerin merkt, allmählich eine Ruhe ein. Es ist sehr unwahrscheinlich, daß diese Ruhe auf die Tropfen zurückzuführen ist, welche ihr die Ärztin verabreicht hat. In der kurzen Zeit können die Tropfen noch nicht gewirkt haben. Es ist vielmehr wahrscheinlich, daß sie merkt: ein Mensch (vielleicht erkennt sie auch die Seelsorgerin wieder) ist da und bleibt bei ihr. Das macht sie ruhig.

Einer aus der Gruppe erinnert das Lied „Du" aus Martin Bubers *Erzählungen der Chassidim*[9], und er zitiert daraus:

> Ergeht's mir gut – du!
> Wenn's weh mir tut – du!
> Nur du, wieder du, immer du!
> Du, du, du!

Was in einer Beziehung zwischen zwei Menschen geschieht, bleibt immer auch ein Geheimnis. Was in einer seelsorgerlichen Begegnung geschieht, bleibt ebenfalls ein Geheimnis. Es gehört zur Theologie des Kreuzes, daß in ihr niemand und nichts dingfest gemacht werden kann. Gott ist nicht dingfest zu machen. Aber auch die Frau, die um Hilfe ruft, nicht. Und schließlich auch die Seelsorgerin nicht. Vielleicht ist der Frau, die nicht abläßt, um Hilfe zu rufen (tat sie es nicht dem Bartimäus gleich, der sich sein Rufen nicht verbieten ließ – Mk 10,48) in der Seelsorgerin, die bei ihr bleibt, ja Jesus begegnet? Und umgekehrt war vielleicht Jesus in dieser

9 Martin Buber, Die Erzählungen der Chassidim, Zürich 1949, 342.

seiner „geringsten Schwester", die von der Seelsorgerin besucht wurde? (vgl. Mt 25,36).

Nach diesem Gespräch in der Gruppe war die Seelsorgerin getröstet. Es hatte sich etwas von jener Tröstung der Brüder und Schwestern ereignet, die nach Martin Luther Zeichen des Evangeliums ist. Nur in einer Gemeinschaft, in der solch ein Gespräch und darin ein Stück Trost geschehen kann, können wir zu einem Theologen und zu einer Theologin des Kreuzes werden.

Der Alttestamentler Gerhard von Rad schrieb einmal in einer Predigtmeditation: „Es war ja eine entscheidende Wende, als die Theologie in den ersten Jahrzehnten unseres Jahrhunderts (besonders an den Selbstzeugnissen Luthers) den Begriff der Anfechtung neu verstehen lernte. Anfechtungen sind etwas ganz anderes als ‚Betriebsunfälle‘ unseres Glaubenslebens, sie sind vielmehr ein integrierendes Moment unseres Christenstandes. Der Mensch bedarf ihrer, denn ohne sie gibt es keine wahre Erkenntnis Christi. So konnte Luther sogar sagen, die größte Anfechtung sei, keine zu haben! Vielleicht sind wir in unseren Traurigkeiten und Verzweiflungen Christus näher, als wir wissen, vielleicht sind wir darin Gott wohlgefälliger als mit unserem ‚frohen Glaubensmut‘ und dem so oft verdächtigen ‚Dennoch‘ des Glaubens! Auf diesem Gebiet ist die Theologie der Gemeinde noch manche Tröstung schuldig geblieben."[10]

---

10 Göttinger Predigtmeditationen 1966, 289.

5.

Zur Frage nach dem „Proprium" in der Seelsorge

Die Frage nach dem Eigentlichen der Seelsorge, dem ihr Eigentümlichen, wird in der Regel von den studierten Theologen und Theologinnen gestellt. Es ist in erster Linie ein akademisches Problem, das aber wichtige praktische Seiten hat. Das Problem wurde vor allem dort diskutiert, wo es darum ging, die Seelsorge abzugrenzen von der Psychologie und von der Psychotherapie. Dabei ging es um ein Konkurrenzproblem. Man sprach von der „Abwanderung" des säkularisierten Menschen vom Seelsorger zum Psychotherapeuten. In seiner Phantasie sah der Seelsorger die überfüllten Wartezimmer der Therapeuten, während er selber in seiner Sprechstunde vergeblich auf Menschen wartete, die seine Seelsorge in Anspruch zu nehmen wünschten. Der Seelsorger sah und sieht seinen Einfluß schwinden – ein bedrohliches Gefühl. Die eigene Identität ist gefährdet. Es ist deutlich, daß es hier um Konkurrenz, um Macht und Einfluß geht.

Freilich: Psychoanalytiker, die mit Theologen in Balintgruppen zusammenarbeiteten, „mußten [...] zunächst erstaunt zur Kenntnis nehmen, welche großen Einflüsse die Pfarrer in ihren Gemeinden ausüben und welche konkreten Mittel ihnen zu diesem Zweck zur Verfügung stehen."[1] Der Seelsorger braucht nicht zu warten, bis ratsuchende Menschen sein Wartezimmer füllen: Denkt er an die Klinikseelsorge oder an seine Hausbesuche, dann kann er sich auf den Weg machen

---

1 H. Argelander, Konkrete Seelsorge, Stuttgart–Berlin 1973, 13 f.

und Menschen besuchen, um ihr Leben kennenzulernen. Er kann höchstens darüber verzagen, wie wenig er angesichts der großen Zahlen schafft. Vielfach ist die damit verbundene Entmutigung so groß, daß er diese Möglichkeiten zur Seelsorge gar nicht mehr wahrnimmt. Dabei spielt gewiß auch eine nicht unbedeutende Rolle, daß er vielfach den Eindruck hat, daß er angesichts seines Auftrags, die Sache Jesu zu vermitteln, bei solchen Besuchen nur wenig ausrichten kann. So ist es zu verstehen, daß er, gefangen in seinen Ohnmachtsgefühlen, die Psychotherapeuten mit einer Allmacht ausstattete, die ihn in dem Maße bedrohte wie er sie bewunderte.

Von daher ist zu fragen, ob die Suche nach dem Eigentümlichen der Seelsorge tatsächlich im Gegenüber zu Psychologie, Tiefenpsychologie und Psychoanalyse erfolgreich sein kann, und ob der Seelsorger zu seiner Identität findet, wenn er sich in Abgrenzung zur Psychotherapie zu behaupten sucht. So lange sich die Diskussion in diesem Rahmen bewegte, war sie – seitens der Theologen – weithin bestimmt von Konkurrenzgefühlen, vom Kampf um Macht und Einfluß, von Minderwertigkeitsgefühlen und Verlustängsten.

Meine These ist, daß das Gespräch um das Eigene und Eigenständige der Seelsorge, also um ihr Proprium, innertheologisch geführt werden muß, mit den anderen Art und Weisen kirchlichen Handelns.

Wir hatten schon betont, daß die Kirche im Laufe ihrer Geschichte – und zwar schon sehr früh – unterschiedliche Handlungsweisen entwickelt bzw. aufgenommen hat.[2] Diese Handlungsweisen haben ihre je eigenen Kommunikationsstrukturen und ihre eigenen Sprachformen. So unterscheidet sich eine Predigt wesentlich vom gemeinsamen Singen eines Hymnus oder von einem Unterrichtsgespräch. Und davon ist wieder unterschieden die Seelsorge als Wechselgespräch und geschwisterliche Tröstung. Dabei sind alle diese unterschiedlichen Äußerungen kirchlichen Lebens aufeinander angewiesen und einander zugeordnet. Dennoch hat jede dieser Le-

---

2 Vgl. Kapitel 2 „Seelsorge – ihr Ort im Handeln der Kirche".

bensäußerungen ihre eigene, unverwechselbare Gestalt. Zwar kann in einer Predigt einmal ein Gesangbuchvers zitiert werden. Aber es kommt zum Konflikt, wenn eine Gestalt kirchlichen Handelns eine andere methodisch dominiert. Es ruft in der Gemeinde Irritationen hervor, wenn eine Predigt den Charakter einer dogmatischen Vorlesung bekommt, oder wenn in einem Unterrichtsgespräch der Katechet unversehens anfängt zu predigen. Das Experiment der Liedpredigt mußte scheitern, insofern hier hymnische Texte zum Predigttext erklärt wurden, die dann noch lehrhaft nach einer dogmatischen Methode abgehandelt wurden.[3] Es gereichte der Hymnologie zum Schaden, als die (frühe) Dialektische Theologie den Hymnus gewaltsam in das Schema dogmatischer Maßstäbe preßte. Die Hymnologie hat sich – wenigstens in Deutschland – lange nicht von der dadurch verursachten Lähmung erholt.

Es ist nur allzu bekannt, daß in der dialektischen Theologie die Seelsorge zum Sonderfall der Predigt wurde.

Um noch ein wenig genauer hinzuschauen, wie eine solche Dominanz einer Weise kirchlichen Handelns über eine andere – hier der Dogmatik über die Seelsorge – aussieht und welche Mittel dabei eingesetzt werden können, gehen wir auf einen 1982 erschienenen Aufsatz des damaligen Professors für systematische Theologie Albrecht Peters zum Thema *Buße – Beichte – Schuldvergebung in evangelischer Theologie und Praxis* ein.[4] Darin setzt er sich kritisch mit der Seelsorgebewegung auseinander, die damals ihre ersten zaghaften Schritte hinter sich hatte.

Der Aufsatz beginnt mit einer ersten Überschrift: „Seelsorge als Ruf zum Reich oder Hilfe zum Leben". Das „oder" in dieser Formulierung besagt, daß dem Verfasser an einer sich gegenseitig ausschließenden Alternative gelegen ist. Er beklagt, daß die „Neuentdeckung der Einzelbeichte" in der Nachkriegszeit nun „von der Welle einer zweiten Aufklärung

---

3 S. Martin Rössler, Die Liedpredigt, Göttingen 1976.

4 Kerygma und Dogma 28, 1982, H. 1, 42 ff.; unverändert abgedruckt in: A. Peters, Rechenschaft des Glaubens, zum 60. Geburtstag des Autors, hg. v. R. Slenczka u. R. Keller, Göttingen 1984, S. 209 ff.

fortgespült" wurde. Er führt dabei sowohl die für ihn vorbildhafte Literatur zur Beichte aus der Nachkriegszeit an wie auch die Literatur der Seelsorgebewegung, welche „den Ruf zum Reich" vergessen habe und nur Hilfe zum Leben vermitteln wolle.

Der Praktiker hat sich damals nach der Lektüre dieses Aufsatzes betroffen gefragt, wie er die Schelte von einem systematischen Lehrstuhl herab verstehen sollte.

Ich selber begann mein theologisches Studium 1950. 1956 kam ich in meinem halbjährigen Vikariat intensiv mit der pfarramtlichen Praxis in Berührung. Daran schloß sich ein zweijähriges Predigerseminar an. Ich habe seinerzeit die von A. Peters angeführte Literatur zur Beichte samt und sonders gründlich studiert. Ich ging in die Praxis mit der festen Überzeugung, daß die Beichte „Kern und Stern christlicher Seelsorge" (A. Peters) sei.

Nach meiner Erinnerung haben mich in meiner gesamten Gemeindepraxis (bis 1970) zwei Menschen aufgesucht, die zu beichten wünschten und eine Absolution in liturgischer Form vor dem Altar der Kirche begehrten. Der eine wurde von schweren Versündigungsideen gequält. Er beichtete. Er bereute. Er empfing die Absolution. Vierzehn Tage später erfuhr ich von seinen Angehörigen, daß eine Einweisung in die psychiatrische Klinik notwendig geworden war. Er litt an einer manisch-depressiven Psychose, die ich nicht erkannt hatte. Meine feierliche Absolution hatte ihn nur noch tiefer in die Depression gestürzt, denn sie hatte ja nichts geholfen.

Wenig später kam eine Frau zu mir. In unserem Gespräch fragte sie mehr beiläufig, ob Selbstmord Sünde sei. Ich bejahte. Sie beichtete alle ihre Verfehlungen. Sie bereute. Sie empfing die Absolution – und wurde noch am selben Tage bewußtlos im Wald aufgefunden. Meine Absolution hatte ihr die letzte Hemmung genommen. Ich besuchte sie im Krankenhaus, aber ein Kontakt war nicht möglich.

Als Krankenhausseelsorger habe ich nach meiner Erinnerung ebenfalls zwei Menschen die Beichte abgenommen. Ein Sterbender litt darunter, daß er in seinem Krankenzimmer gegen einen Mitpatienten aggressiv geworden war. Und eine

Patientin kam mehrfach nach dem Gottesdienst zu mir, um sich die Vergebung zusprechen zu lassen. Das tat sie so oft, daß ich ihr eines Tages sagte, nun solle sie aber die zugesprochene Vergebung auch ernst nehmen und die Schuld fahren lassen.

Ich erzähle das aus zwei Gründen. Einmal habe ich die Einzelbeichte nicht mit „fortgespült", und ich kenne auch keinen Kollegen und keine Kollegin, die das getan hätten. Ich fand die Beichte in der traditionellen Form, wie sie in der genannten Literatur noch vorausgesetzt wurde, nicht mehr vor. Vielleicht wurde sie in anderen Gegenden und beispielsweise in Kommunitäten noch so geübt. Und zum anderen: Ich resignierte nicht angesichts der mich schockierenden Erfahrungen meiner Seelsorge, sondern suchte für meine pfarramtliche Praxis Hilfe. 1968 kam ich in Kontakt mit der Klinischen Seelsorgeausbildung. Dort lernte ich sehen, daß Beichten und Lossprechen von Schuld im seelsorgerlichen Gespräch auf sehr verschiedene und differenzierte Weise vor sich gehen kann, und daß dies gar nicht so selten geschieht.[5]

Wie müssen wir dann aber den Angriff (in diesem Fall) seitens der systematischen Theologie verstehen? Offenbar ist es für diesen Vertreter seines Fachs irritierend, daß die Seelsorge sich nicht gemäß seiner dogmatischen Einsichten verhält. Die Seelsorgelehre spricht auch nicht mehr in der von einer Dogmatik vorgeprägten Form. Die Irritation eines Menschen, der dogmatisch denken und sprechen gelernt hat, kann so groß sein, daß er die Seelsorge, ihre Lehre und ihre Praxis, nur noch verzerrt wahrnimmt.

Offenbar ist es für Dogmatiker nicht immer ganz einfach, die Praktische Theologie als gleichberechtigten Gesprächspartner zu akzeptieren, der seine eigenen Methoden entwickelt und seine eigene Sprache hat. Die Dogmatik versteht sich bisweilen als Legislative, der die Seelsorge sich als Exe-

---

5 Vgl. die Gesprächsanalyse *Beichte und Absolution bei einem Hausbesuch* in meinem Buch: Der Hausbesuch des Pfarrers, Hilfen für die Praxis, Göttingen ²1988, 77 ff.

kutive zu beugen hat. Dann dominiert die Dogmatik die Seelsorge und nimmt ihre Eigenständigkeit nicht wahr.

Bei A. Peters spielt der Begriff der Emanzipation eine große Rolle: dies wirft er der Seelsorge seiner Zeit vor. In der Tat geht es in der Seelsorgebewegung um eine Emanzipation, nun aber nicht von der Theologie und von Gott, von Beichte und Lossprechung, von Schuld und Verantwortung – sondern von der sie dominierenden Dogmatik. Diese Emanzipation ist ein mühsamer Prozeß. Die Seelsorge muß neu lernen, sich zu artikulieren. Sie kann sich nicht mehr auf von der systematischen Theologie vorgeprägte Begrifflichkeit berufen. Sie muß eigene Erfahrungen machen und diesen Erfahrungen Sprache verleihen. Die Seelsorge ist dabei, ihr Proprium zu finden.

Was ist das Eigene der Seelsorge im Vergleich zu den anderen Gestalten kirchlichen Handelns, Redens und Kommunizierens? Sie ist *Gespräch*. Dabei beginnt einer der beiden Gesprächspartner das Gespräch im Namen und im Auftrag Gottes, denn er oder sie gibt sich dem anderen als Pfarrer oder Pfarrerin, als Seelsorger oder Seelsorgerin zu erkennen. Das bestimmt die Struktur des Gesprächs, falls sich der Gesprächspartner auf es einläßt. Vergleiche zeigen, daß ein und derselbe Mensch über seine Probleme anders spricht, je nachdem, ob er einem Arzt, einem Sozialarbeiter oder einem Seelsorger gegenübersitzt. Das braucht ihm selber gar nicht bewußt zu sein, aber er spricht gleichsam in eine bestimmte Richtung.

Wenn der Seelsorger einen Hausbesuch oder einen Krankenbesuch im Krankenhaus macht, ist es notwendig, daß er zu Beginn deutlich sagt, warum er kommt. „Je deutlicher und eindeutiger der Anlaß eines Besuches der Ausgangspunkt eines Gesprächs sein kann, um so klarer und vor allen Dingen abgegrenzter ist die Situation für den Besuchten. *Daß* der Besucher etwas will, geht eindeutig daraus hervor, daß er kommt. *Was* er will, wird ungefähr dadurch angezeigt, daß er von der Kirche kommt. Aber damit bleibt der Zweck des Besuchs für den unvermittelt Aufgesuchten noch höchst vage und unabgegrenzt. Der bestimmte Anlaß ist für den Besuchten meist genau begrenztes Terrain. Er kann ein Gespräch, das dieses Gebiet betrifft, klarer ablehnen oder klarer annehmen, damit jedenfalls ein Stück eigener Aktivität entfalten."[6]

Abgesehen von dieser Struktur ist das Gespräch, wenn es Gespräch sein und bleiben will, grundsätzlich offen. „Wir sagen zwar, daß wir ein Gespräch ‚führen', aber je eigentlicher ein Gespräch ist, desto weniger liegt die Führung desselben in dem Willen des einen oder anderen Partners. So ist das eigentliche Gespräch niemals das, das wir führen wollten. Vielmehr ist es im allgemeinen richtiger zu sagen, daß wir in ein Gespräch geraten, wenn nicht gar, daß wir uns in ein Gespräch verwickeln [...] Was bei einem Gespräch ‚herauskommt', weiß keiner vorher."[7] Ähnlich sieht es W. Zijlstra, wenn er sagt: „Der wahre Seelsorger macht sich mit dem anderen auf den Weg, gehorsam wie Abraham, als er aus Ur auszog, ohne zu wissen, wo er ankommen würde."[8]

Sehen wir einmal von dem Beratungsgespräch ab, das ein Spezialgebiet der Seelsorge ist, und bleiben bei den weitaus häufigsten seelsorgerlichen Situationen: dem Hausbesuch, dem Besuch im Krankenhaus und dem mehr zufälligen Gespräch zwischen Tür und Angel, so gehen beide Partner ohne ein bestimmtes Programm in das Gespräch hinein. Ja, während der Pfarrer und die Pfarrerin in allen anderen Weisen ihres Tuns feste Strukturen vorfinden oder selber Vorgaben machen, lassen sie dieses eine Mal ihrem Gegenüber gleichsam den Vortritt. Stets richten sie sich nach vorgegebenen Ritualen oder haben ein Konzept vor Augen. Diese Vorgaben schützen ihn. Jede offene, unvorbereitete Situation macht schutzlos, sie ist immer anfällig für Unvorhergesehenes. Nie weiß ich als Krankenhausseelsorger, wenn ich ein Zimmer betrete, wer mich und was mich erwartet. Bin ich erwünscht und willkommen? Begegne ich Gleichgültigkeit und Ablehnung? Wird es zu einem Gespräch kommen? In welche Tiefen wird dies Gespräch uns beide führen? Welche Schichten in uns wird es berühren? Wird unser Glaube und unser Zwei-

---

6 Klaus Winkler, Pastoralpsychologische Aspekte des Gemeindebesuchs, in: Wege zum Menschen 15, 1963, 201 ff., hier 202.

7 H.-G. Gadamer, Wahrheit und Methode, Tübingen ⁴1975, 36.

8 W. Zijlstra, Seelsorge-Training, München–Mainz 1971, 37.

fel angerührt? Gelingt ein solcher Vertrauenskontakt, daß von dem einen oder anderen so etwas Intimes wie ein Gebet gewagt wird? Das weiß ich nicht zuvor. Ich kann es auch nicht „machen".

Der Seelsorger und die Seelsorgerin sind also bar aller Vorgaben, aller schützenden Strukturen, wenn sie sich in eine seelsorgerliche Situation hineinbegeben. Sie lassen ihren Talar zu Hause, ihre liturgischen Geräte in der Sakristei. Sie tragen nicht, wie auf dem Weg zum Altar oder zur Kanzel, Bibel und Gesangbuch in ihren Händen. Sie haben nichts in den Händen! Sie tragen nur den Wunsch im Herzen, dem anderen zu begegnen und, wenn möglich, zum Seelsorger zu werden.

Dabei begegnen sie ihren Gemeindegliedern auch nicht als solche, die aus der Fülle des eigenen Glaubens, der eigenen Hoffnung und Liebe des anderen Mangel an Glaube, Liebe und Hoffnung abzuhelfen suchen.

Gespräch ist, wenn es wirklich Gespräch sein will, ein wechselseitiges Geben und Nehmen (nach Luthers Worten ein „mutuum colloquium"), wobei übrigens der Zuhörende in der Regel der Gebende ist. So geschieht es nicht selten nach einem Gespräch, in dem der Partner sich aussprechen konnte, daß er sich ausdrücklich für den Trost, den er empfangen hat, bedankt. Dabei hat der Seelsorger den bestimmten Eindruck, daß er gar nichts Tröstliches gesagt hat.

Was der Seelsorger und die Seelsorgerin geben und empfangen – das wissen sie nicht im voraus. Sie wissen nicht einmal, ob es überhaupt zu einem Gespräch kommt. Sie können sich nur als Seelsorger und Seelsorgerin zu erkennen geben und den Anlaß ihres Kommens benennen. Dann warten sie zu, was daraus wird.

Das ist die unverwechselbare Eigenart der Seelsorge: Ihre ungeschützte, weithin unstrukturierte Situation und die Ohn-macht des Seelsorgers und der Seelsorgerin, ihre bei jedem Gespräch wieder neu einsetzende Spannung, was nun daraus wird.

Wie schwierig das durchzuhalten ist, weiß jeder, der den Schwerpunkt seiner Arbeit auf die Seelsorge gelegt hat. Wir machen die Erfahrung, daß wir diesem Eigenen der Seelsorge auf die Dauer nur gewachsen sind, wenn wir selber (etwa in einer Gruppe) Seelsorge empfangen. Ohne die Begleitung einer solchen Gruppe können wir uns der mit unserem seelsorgerlichen Tun verbundenen Schwachheit auf die Dauer nicht stellen. Hier liegt auch der Sinn der gruppendynamisch orientierten Aus- und Fortbildungsgruppen für Seelsorger.

Theologisch gesprochen rückt die hier beschriebene Schwachheit und Ohn-macht in die Nähe jener asthenaia, von der Paulus spricht und in der er Gottes Kraft sich vollenden sieht (2. Kor 12,8).

So gesehen ist die Seelsorge auch das „schwächste" Glied in der Reihe der vielfältigen Gestalten, in denen Kommunizieren, Handeln und Reden in der Kirche ihren Ausdruck finden. Und es ist dann auch kein Wunder, wenn dies „schwächste" Glied bisweilen zum Sündenbock dafür herhalten muß, was Unbehagen an der Situation der Kirche verursacht. Andererseits wird auch wieder Druck auf die Seelsorge ausgeübt oder sie setzt sich selber unter Druck: Sie soll dann etwa dazu dienen, die Kirche zum Positiven zu verändern, Menschen für sie zu interessieren und die Gottesdienste wieder zu füllen.

Welche Bedeutung hat das Eigenartige der Seelsorge, wie wir es in ihrer Entäußerung von Macht (in ihrer kenosis, vgl. Phil 2,7) fanden, für den Gesprächspartner selbst? Ich möchte dies an einem konkreten Gespräch aus der Krankenhausseelsorge aufzeigen.

In einer Großklinik hat die Seelsorge eine Teestube eingerichtet, in der sich zu bestimmten Zeiten Patienten einfinden können, um dort zu lesen, zu basteln oder sich zu unterhalten. Eine Theologiestudentin hat die Betreuung dieser Teestube zeitweise übernommen. Seit acht Wochen stellt sich dort regelmäßig eine etwa 40jährige Patientin ein. Diesmal wartet die Patientin, bis alle anderen Besucher die Teestube wieder verlassen haben, und fragt die Studentin, warum sie Theologie studiere. Die Studentin antwortet, es ginge ihr in der Theologie um das menschliche Leben im umfassenden Sinn, wobei auch der Tod nicht ausgeklammert sei. Darauf die Patientin: „Ich könnte das nicht, nein, mit dem Tod, da will ich nichts zu tun haben! Können Sie das aushalten?"

Die Studentin ist von der heftigen Reaktion der Patientin überrascht und verunsichert. Sie räumt ein: „Ich habe da auch Schwierigkeiten –", um dann fortzufahren, daß sie dennoch glaube, man könne lernen, mit dem Tod umzugehen. Sie habe sich während des Studiums sehr viel mit dem Thema Tod auseinandergesetzt. „Und ich würde schon sagen, daß bei mir die Angst vor dem Tod oder vor einem Toten gewichen ist."

Für die Patientin scheint aber der Tod kein „Thema" zu sein, wie für die Studentin. So fragt sie zurück: „Wie stellen Sie sich den Tod vor?" Die Studentin: „Wie abends im Bett liegen und einzuschlafen." Und sie fügt hinzu: „Angst hätte ich wohl mehr vor dem Sterben."

Durch den Irrealis dieses Satzes gibt sie zu erkennen, wie weit entfernt ihr *diese* Vorstellung ist. Dagegen wird die Frau nun konkret: „Seit ich hier liege, sind vier Leute auf Station gestorben. Ich weiß gar nicht, wie die Schwestern das aushalten, das sind doch auch keine Eisblöcke! Meine Zimmernachbarin ist gestorben, aber ich habe mich vorher verlegen lassen."

Hier tritt eine kleine Unterbrechung des Gesprächs ein; die Studentin holt Material für die Bastelei, mit der sie beschäftigt sind. Wir nehmen das zum Anlaß, den bisherigen Wortwechsel zu überblicken. Die Patientin gibt durch ihre einleitende Frage zu erkennen, daß sie ein Gespräch mit der Studentin als *Theologin* sucht. Ihre Frage nach der persönlichen Motivation für dies Studium hat testenden Charakter. Wieweit wird sich die Studentin auf das Gespräch (persönlich) einlassen? Die Theologin gibt Auskunft. Die Erwähnung des Todes, der zum Leben gehört, ruft eine heftige Reaktion der kranken Frau hervor. Sie gibt zu erkennen, daß sie die konkrete Konfrontation mit dem Sterben und mit dem Tod nicht erträgt. Es ist deutlich, daß beide Gesprächspartner auf unterschiedlichen Ebenen über den Tod sprechen. Und die relative Sicherheit, mit der die Theologin über den Tod sprechen kann, stößt die Patientin nur um so tiefer in die eigene Verunsicherung hinein.

Von hier aus ist der Fortgang des Gesprächs zu verstehen. Die Patientin provoziert die Theologin und treibt sie zunehmend in die Enge: „Sie glauben doch an Gott?" Und nach einem zögernden „Ja" der Theologin: „Beweisen Sie mir doch, daß es Gott gibt! Wo ist er denn?!" Die Studentin ist zunächst verwirrt und sagt gar nichts. Dann findet sie die Worte: „Ich kann Ihnen nicht beweisen, daß es Gott gibt." Die Kranke stößt nach und verschärft ihre Provokation: „Ich glaube nicht an Gott. Und wenn ich beten will, dann kann ich dies auch auf dem Klo oder unter der Dusche … Aber wenn es einen Gott gibt, warum müssen dann so viele Menschen leiden? Warum läßt Gott das zu? Sagen Sie mir doch: Was hat Leiden für einen Sinn?"

Die Studentin fühlt sich erdrückt. Wieder sucht sie lange nach einer Antwort und erzählt dann von eigenen Leidenserfahrungen und was diese im nachhinein für sie bedeuten. „Für mich ist z.B. die Bibel voll von menschlichen Erfahrungen und Leidenserfahrungen. Mir ist einmal der Psalm ‚Aus der Tiefe rufe ich, Herr, zu dir' sehr wichtig geworden. Ich konnte in dies Rufen mit einstimmen, weil das auch meine Gefühle waren. Und das hat mich getröstet."

Aber ihre Gesprächspartnerin kann diesen Psalm und seinen Trost nicht für sich übernehmen. Wahrscheinlich ist ihr dieser Psalm unbekannt. Auf jeden Fall sagt er ihr in ihrer Situation nichts. Auch sie bringt nun ein Beispiel: „Vor Ostern lief im Fernsehen ein Film, in dem es um die Kreuzigung Jesu ging. Und da kam auch einer vor, der konnte nicht glauben. Den Film habe ich gern gesehen. Ich kann auch nicht an Gott glauben."

Jetzt wird deutlich, was die Frau sich wünscht. Es möchte jemand dasein, der sie in ihren Zweifeln versteht, der ihren Unglauben akzeptieren kann. Genauer: Sie wünscht, daß die Theologin, die auf der Seite Gottes steht und ihn in diesem Augenblick repräsentiert, mit ihr zusammen „nicht glaubt" und den Zweifel aushält.

Die Theologin verweist auf Hiob. „Ich weiß nicht, ob Sie schon mal etwas von Hiob gehört haben. Auch Hiob konnte nicht an Gott glauben und hat mit Gott gehadert, weil er so viel leiden mußte." – Aber der Hinweis auf Hiob hilft der Frau nicht weiter. Hiob ist ihr in diesem Augenblick, wo sie die Nähe eines Menschen, nein: die Nähe dieser Theologin sucht, zu weit weg. Mit einem „Aber" wischt sie ihn vom Tisch: „Aber warum gibt es Leiden? Warum läßt Gott das zu?" – Darauf die Theologin: „Ich glaube nicht, daß Gott das Leiden will." Auch damit kann die kranke Frau nichts anfangen. „Aber warum dann? Warum soll man Kinder in die Welt setzen? Sie müssen doch sowieso sterben! Was hat das alles für einen Sinn?"

Die Studentin weiß nichts darauf zu sagen. Ihr kommt ein Vers aus Jeremia in den Sinn: Weh mir, Mutter, daß du mich geboren! – Die Patientin fährt fort und führt die Sinnfrage ad absurdum: „Vielleicht muß ich auch krank sein, damit es Ärzte gibt. Wir müssen ja auch Schuhe tragen, damit es Schuhverkäufer gibt! Vielleicht muß das alles so sein … Aber ich habe in meinem Leben doch nichts Böses getan, daß ich so bestraft werden müßte!"

An dieser Stelle hätte sich die Dogmatikerin in der Theologin auf den Plan gerufen fühlen können. Die Studentengruppe, in der dies Protokoll besprochen wurde, diskutierte dann auch ausführlicher über die „falschen Vorstellungen" dieser Patientin, die eigentlich einer Korrektur bedürften. Die Seelsorgerin jedoch erkannte, daß es der Frau nicht um eine Lehraussage geht, sondern um den verzweifelten Ausdruck der Sinnlosigkeit ihres Leidens. Sie selbst berichtete, sie wäre gar nicht in der Lage gewesen, der Frau hier Einhalt zu gebieten. Sie sei viel zu betroffen und hilflos gewesen.

Und die Frau redet weiter. Sie berichtet ihre ganze Leidensgeschichte. Die Studentin bringt zum Ausdruck, daß sie versteht, wie sich das Leben dieser Frau immer weiter einschränkt. Darauf wieder die Hiobsfrage: „Aber warum passiert mir das? Was habe ich getan? Warum geht bei anderen Menschen alles so reibungslos?" – Die Seelsorgerin versucht zu verstehen: „Sie sind sehr enttäuscht über Ihr Leben." – Darauf kann die Frau sagen: „Sehen Sie (das ist die Einleitung für etwas sehr Wichtiges!), ich habe einen so guten Mann. Er ist schon älter als ich, und ich bin seine zweite Frau. Die erste starb an Lungenkrebs. Meine Schwester starb mit 25 Jahren, die Tochter meines Bruders starb mit 14 Tagen …" Unschwer läßt sich das, was ungesagt bleibt, ergänzen, nämlich: … und jetzt bin ich an der Reihe.

Und nun kann die Theologin sagen: „Ich kann verstehen, warum Sie nicht an Gott glauben können. Sie haben so viele leidvolle Erfahrungen in Ihrem Leben gemacht (daß die Frau von ihrem eigenen bevorstehenden Tod spricht, hat sie während des Gesprächs noch nicht erkennen können), daß Sie wohl eher wütend auf Gott sind." – Die Frau schwächt ab: „Wütend wohl nicht ..." Die Welle der Aggression ebbt ab. Sie hat offenbar ihr Ziel erreicht: Die Theologin hat sie verstanden und akzeptiert. „Wohl eher enttäuscht?" fragt sie. Die Patientin stimmt dem zu: „Ja, wohl eher enttäuscht." Und dann sagt sie etwas Überraschendes. Sie knüpft an den Anfang des Gesprächs an, als es um die Motivation zum Theologiestudium ging. „Vielleicht sollte ich mal einen Kurs mitmachen, damit ich wieder an Gott glauben kann." Das klingt keineswegs spöttisch, sondern ganz ernst. Dieser Satz bringt ihre Sehnsucht nach dem Glauben zum Ausdruck, den die Theologin repräsentiert, nach dem Glauben, der auch den Tod nicht ausklammert. Ebenso wird deutlich, daß sie nun die Theologin akzeptieren kann. Die hat sich von ihrem Zweifel betreffen lassen. Sie hat diesen Zweifel verstanden und hat einen Augenblick lang mit ihr angesichts dieses Zweifels ausgeharrt.

Damit hat die Frau ihr Ziel erreicht. Nonverbal hat die Theologin ihr die Zuversicht vermittelt, daß Gott sich betreffen läßt von ihrer Not, und daß er sich ihrem Zweifel nicht entzieht.

Das Proprium der Seelsorge, ihre Ohn-macht, hat sich bewährt.

Wir erinnern uns: Dies Gespräch ist nicht etwa von einer erfahrenen Seelsorgerin geführt worden, sondern von einer Studentin. Vermutlich hat sie, weil sie noch keine Strategien für ihre Seelsorge-Kontakte entwickelt hat (diese Strategien sind uns in den meisten Fällen nicht bewußt!), die Offenheit gehabt, sich von dieser Frau so betreffen zu lassen.

Gegeben hat die Studentin in diesem Gespräch sehr viel: Alle ihre Sicherheiten, auch ihre mühsam erworbene Theologie hat sie sich aus den Händen schlagen lassen. Aber sie hat auch viel gewonnen. Sie selbst, aber auch die Gruppe, in der sie das Gespräch eingebracht hatte, fand es erstaunlich,

daß die Patientin ein solches Vertrauen in sie gehabt habe –
obgleich sie im Vergleich zu der kranken Frau doch noch so
jung und ohne derartige Lebens- und Leidenserfahrungen
sei.

Wichtig für die Studentin war die Einsicht, daß sie sich aus
ihrer Bibel *ihren* Trost holen darf – und gleichwohl Menschen begleiten kann, die nicht in ihrer Welt leben und den
gleichen Glauben haben. Es war eine gute Erfahrung für sie,
wie spannend und Horizont erweiternd es ist, sich auf das
Leben anderer Menschen einzulassen.

Nach dem Gespräch in der Gruppe sagte sie, sie hätte gelernt, daß man eine Predigt vorbereiten – aber ein Seelsorgegespräch nachbereiten müßte.

6.

Das Menschenbild in der Seelsorge

Was tun Sie', wurde Herr K. gefragt, ,wenn Sie einen Menschen lieben?' ,Ich mache einen Entwurf von ihm', sagte Herr K., ,und sorge, daß er ihm ähnlich wird.' ,Wer? Der Entwurf?' ,Nein', sagte Herr K., ,der Mensch.'"[1]

Bert Brecht läßt den Leser dieser Geschichte im Ungewissen, ob er selbst der Meinung von Herrn K. ist oder ob er mit dieser Geschichte provozieren will. Lieben wir einen Menschen in seiner einmaligen, unverwechselbaren Identität – oder lieben wir einen Entwurf, dem ein Mensch, wollen wir ihn lieben, ähnlich werden muß? Oder ist diese Alternative falsch gestellt?

Was tun wir, wenn wir an einem Menschen Seelsorge üben? Wir machen einen Entwurf von ihm und sorgen, daß er ihm ähnlich wird. Wer – der Entwurf oder der Mensch? Oder ist diese Alternative falsch gestellt?

Unsere Frage lautet also: Auf welches Menschenbild hin üben wir Seelsorge? Wir stellen diese Frage in einen bestimmten Kontext hinein und versuchen dann aufzuzeigen, wie unser Menschenbild sich in unserer Art und Weise zu kommunizieren, äußert.

1. Auf welches Menschenbild hin üben wir Seelsorge? Wenn wir das weite Feld seelsorgerlicher Bemühung und seelsorge-

---

1 Bertold Brecht, Geschichten vom Herrn Keuner, Frankfurt/M. [11]1980, 33.

rischer Theoriebildung überblicken, dann versetzt uns diese Frage in eine nicht geringe Verlegenheit. Wir werden kaum von einem einheitlichen, fest umrissenen und begründeten Menschenbild reden können, weder in der Seelsorge noch anderswo. Wenn wir vom Menschenbild in der Seelsorge reden, dann reden wir von etwas Unsicherem. Oder besser: Wir reden von unserer eigenen Unsicherheit, denn das Menschenbild ist ja unser Bild: das Bild, das wir von uns selber haben, von unserem Mitmenschen und – wenn wir an dem Glaubenssatz festhalten, daß der Mensch Gottes Ebenbild ist – das Bild, das wir von Gott haben. Auf dem Spiel steht demnach die Frage nach uns selber, nach unserem Verständnis als Seelsorger (für unseren Nächsten) und nach unserem Gottesverständnis.

Wir werden also, wenn wir über unser Menschenbild nachdenken, nicht von unserer Verunsicherung absehen dürfen. Ein Weg, mit Verunsicherungen umzugehen, ist die Suche nach möglichen Ursachen und Gründen dieser Verunsicherung. Die sind in unserem Fall sicher sehr vielfältig und vielschichtig. Ich möchte lediglich auf einen Aspekt hinweisen, der mir für die Seelsorge allerdings bedeutsam erscheint.

Man hat die Pastoraltheologie, gleichsam den handlungswissenschaftlichen Exponenten der Theologie, als Krisenwissenschaft bezeichnet. Sie erlebt immer dann eine Blütezeit, wenn die Kirche sich im Blick auf ihr Handeln, ihre Aufgabe und ihre Rolle in der Gesellschaft unsicher geworden ist. Zumal die Seelsorge reagiert ja außerordentlich empfindlich auf gesellschaftliche Prozesse, die über lange Zeit festgefügte und institutionalisierte Kommunikationsstrukturen verändern.

Wir scheinen uns seit einigen Jahrzehnten in einem derartigen tiefgreifenden Prozeß zu befinden, von dem auch unser Menschenbild berührt wird. Diesen Prozeß werden erst spätere Generationen in seiner ganzen Bedeutsamkeit überschauen und verstehen lernen. Vielleicht können wir ihn andeutungsweise umschreiben, wenn wir sagen: Wir befinden uns in einem Strukturwandel von einer paternalistischen zu einer mehr „geschwisterlichen" Gesellschaft. Buchtitel wie Mitscherlichs *Auf dem Weg zur vaterlosen Gesellschaft* (1963) oder Hausers *The fraternal Society* (1962) könnten diesen

Prozeß markieren. Autoritative Strukturen, die früheren Generationen Geborgenheit und Orientierung vermittelten, werden verlassen und machen dafür Strukturen Platz, in welcher die Verantwortung für das Wohl und Wehe einer Gemeinschaft individuell in die eigene Hand genommen wird.

Bei näherem Hinsehen können uns freilich Zweifel beschleichen, ob wir wirklich von einem Prozeß, einem Vorwärtsschreiten reden dürfen. Zu deutlich machen sich immer wieder rückwärts gewandte Tendenzen bemerkbar. Unsere Verunsicherung hat gerade ihren Grund in einem Hin- und Herschwanken zwischen zwei Polen. In der zuweilen mit unversöhnlicher Schärfe geführten Diskussion um die rechte Seelsorgelehre in unserer Zeit läßt sich die Polarisierung deutlich erkennen.

Um den Strukturwandel, der uns im Blick auf unser Menschenbild verunsichert, besser zu verstehen, stellen wir die theoretischen Entwürfe der Seelsorge von H. Asmussen (1933) und E. Thurneysen (1946) dem ersten Versuch gegenüber, die Psychologie von Carl R. Rogers in die Seelsorge zu integrieren, nämlich in dem Buch von H. Faber und E. van der Schoot *Praktikum des seelsorgerlichen Gesprächs* (1962, deutsche Ausgabe 1968). Dabei läßt sich in allen drei Büchern unschwer erkennen, wie sie bereits auf den Strukturwandel reagieren und sich mit ihm mehr oder weniger explizit auseinandersetzen. Sie sind in unserem Zusammenhang deshalb hilfreich, weil sie deutliche Positionen exemplarisch markieren.

Asmussen und Thurneysen orientieren sich in ihrer Seelsorge an der Verkündigung des Wortes Gottes. Sie bleiben gleichsam auf der Kanzel, wenn auch Asmussen betont, daß in der Seelsorge die Distanz, die zwischen Verkündiger und Hörer herrscht, verringert wird.[2] Die Struktur der Kommunikation ist asymmetrisch, sie ist durch ein „oben" und „unten" gekennzeichnet. Theologisch wird das mit der unantastbaren Souveränität des Wortes Gottes einerseits und mit dem der Sünde verfallenen, grundsätzlich und im-

2 H. Asmussen, Die Seelsorge, München [3]1935, 15.

mer der Vergebung bedürftigen Menschen andererseits begründet.

Thurneysen schreibt: „Es wird also ganz gewiß allerlei und vielleicht sogar viel Menschliches, Psychologisches, d. h. in das Gebiet unseres Tuns Fallendes erwogen und ausgesprochen werden dürfen und müssen, wie es in jeder echten Seelsorge geschieht, aber doch so, daß in jedem Augenblick der grundsätzliche Bruch sichtbar wird, der mein ganzes Tun, der alles nur Menschliche, nur Psychologische scheidet und hinter sich zurückläßt dem gegenüber, was Jesus Christus ist und tut."[3]

Der Mensch ist also grundsätzlich der Empfangende, der Passive, auf den der Vers zutrifft: „Es ist doch unser Tun umsonst." Diese Grundtatsache muß sich dann auch in der Beziehung zwischen dem Seelsorger auf der einen Seite und dem Gemeindeglied auf der anderen Seite widerspiegeln. Das Gespräch geht grundsätzlich vom Seelsorger aus; er hat in ihm die Führung und bestimmt auch das Ziel.[4] Die seelsorgerliche Beziehung läuft gleichsam durch das Nadelöhr der Beichte, wobei an der Rollenverteilung: hier Beichtvater – dort Beichtkind keinerlei Zweifel besteht.

Es würde von einem geschichtslosen Verständnis und damit von einem Unverständnis zeugen, wenn wir diesen Ansatz in Bausch und Bogen verurteilen und uns über ihn erheben würden. Es kann nicht bezweifelt werden, daß diese Kommunikationsstruktur durchaus Sinn und Funktion gehabt hat, daß die Rolle des Seelsorgers, die sich am Beichtinstitut orientierte, und die Rollenerwartung des Gemeindeglieds als „Beichtkind" einander entsprachen, und daß auf diese Weise Evangelium vermittelt wurde.

Es kann aber auch keinem Zweifel unterliegen, daß dies zunehmend nicht mehr funktionierte. Der Seelsorger registrierte das bei sich selbst durch das zunehmende Gefühl eines Drucks. Sein Auftrag wurde zu einem Druck, weil er sich „seines Auftrags nicht mehr entledigen" konnte. Dieser

---

3 E. Thurneysen, Die Lehre von der Seelsorge, München 1948, 62.
4 H. Asmussen, a.a.O., 26.

Druck schlug sich auf der einen Seite in Schuldgefühlen nieder, gegenüber seinem Auftraggeber und seinen Gemeindegliedern. Denn beiden blieb er etwas schuldig. Auf der anderen Seite aber mußte er Aggressionen gegen seine Gemeinde mühsam unterdrücken, die ihm das nicht mehr ohne weiteres abnahm, wozu er sich berufen fühlte!

Der Seelsorger sah sich dieser Entwicklung hilflos ausgeliefert. Er konnte lange Zeit nicht verstehen, daß sich sein Gegenüber, daß sich dessen Verhältnis zu Autoritäten und Institutionen, zu Werten und Normen kaum merkbar, aber tiefgreifend veränderte. Das Menschenbild selber wandelte sich.

Es ist auch heute noch unmittelbar einfühlbar, welche Erleichterung und Befreiung bei vielen Seelsorgern das Buch von H. Faber und E. van der Schoot, das bei uns 1968 erschien, bewirkte, wenn der von Schuldgefühlen geplagte Seelsorger dies Buch aufschlug und ihm auf der ersten Seite der Kontakt zwischen einer Hausfrau und ihrem Kaufmann vorgestellt wird. Es geht dabei um zwei Menschen, die durch „Geben und Nehmen" miteinander verbunden sind. Ihr Interesse ist der Austausch. Die Hausfrau will Spinat einkaufen. Das ist ein Kontakt auf gleicher Ebene, ein „symmetrischer" Kontakt. Dieser Kontakt kann nur durch das Nicht-zustande-kommen des Austauschs gestört werden. Das kann geschehen, wenn der Kaufmann keinen frischen Spinat hat, oder wenn die Hausfrau so wenig Geld hat, daß sie das teure Gemüse nicht kaufen kann. Da ist nicht der eine der grundsätzlich Bedürftige – er hat ja Geld –, und der andere ist nicht der grundsätzlich Gebende – er empfängt ja auch. Sie sind aufeinander angewiesen, wenn sie existieren wollen. Vorgestellt wird also ein von paternalistischen Strukturen eines Seelsorgegesprächs unbelasteter Kontakt. Welch ein Anfang eines Seelsorgebuchs!

Angemerkt sei – H. Faber führt das nicht weiter aus –, daß dieser Kontakt zwischen der Hausfrau und dem Verkäufer ein treffendes Beispiel für das ist, was Kommunikationsforscher als Kommunikation bezeichnen. Jeder Kommunikation liegt ein Mangel zugrunde, ein zum Menschen gehörendes Bedürfnis nach Kommunikation, das in der Schöpfungsgeschichte mit dem einfachen Satz ausgedrückt wird: „Es ist nicht gut, daß der Mensch allein sei." (Gen 2,18). Dieser Mangel kann durch wechselseitiges Geben und Nehmen gestillt werden. „Austausch ist das der Kommunikation übergeordnete Regulans."[5]

H. Faber und E. van der Schoot versuchen nun, Grundsätze der Psychotherapie von Carl R. Rogers in die Seelsorge zu integrieren. Nach Rogers trägt der Mensch alle heilenden und integrativen Kräfte in sich, und es bedarf nur günstiger Bedingungen, um sie zur Entfaltung und Wirkung zu bringen. Diese Bedingungen stellt der Therapeut her, indem er ihm echt zu begegnen sucht, ihn vorbehaltlos akzeptiert und ihm hilft, seine Gefühle zu verbalisieren.

Was es dem Theologen leicht machte, von Rogers methodisch zu lernen, war, daß er sich nunmehr der Pflicht enthoben sah, einen „Bruch" im Gespräch herbeizuführen. „Brüche" sind vielmehr Kunstfehler in der Gesprächsführung. Was es ihm leicht machte, Rogers theologisch zu adaptieren, ist die vorherrschende Kategorie der „vorbehaltlosen Annahme", die an die Rechtfertigung des Sünders allein aus Gnade erinnerte.

Dieser Seelsorge-Ansatz erntete teilweise heftige theologische Kritik, weil er, konsequent durchgeführt, „sprachlos" und „stumm" wurde für den, „der gerade durch sie (die Seelsorge) in die so konkret gesehenen Nöte der Menschen hineingehen und dort als Helfer erscheinen sollte."[6]

Meine These ist, daß wir in der Seelsorge lange Jahre und vielleicht bis heute in einem polaren Spannungsfeld zwischen den Ansätzen von Thurneysen und Asmussen und den Versuchen, psychologische Erkenntnisse (z.B. Rogers) zu integrieren, stehen, und daß wir unseren Standort noch nicht ganz gefunden haben.

---

5 D. Wyss, Beziehung und Gestalt, Göttingen 1973, 175.
6 Manfred Seitz, Aufgaben und Möglichkeiten der Seelsorge heute, in: H. Reller u. A. Sperl, Seelsorge im Spannungsfeld (Heft 16 der Schriftenreihe: Zur Sache – Kirchliche Aspekte heute, hg. v. G. Gaßmann u.a.) Hamburg 1979, 63 ff., hier: 67.

Vielleicht hilft uns in dieser Situation der Rückgriff auf das, was Kommunikation anthropologisch meint, einen Schritt weiter. Wenn es wahr ist, daß Kommunikation in einem wechselseitigen Geben und Nehmen besteht (wobei in der Regel der Redende der Nehmende und der Zuhörende der Gebende ist), bleibt ja die Frage offen, was angesichts der konsequent beachteten Gesprächsführung nach Rogers der Seelsorger seinerseits mit seinem ungestillten Mangel an Kommunikation anfängt. Wenn es in der Kommunikation um einen Austausch von Geben und Nehmen geht, dann müßte er – von daher gesehen – die Erlaubnis haben, auch von sich selber zu reden, von dem etwa, was ihm angesichts des Leidens seines Mitmenschen bewegt, und das heißt: von seinem eigenen Glauben und vielleicht auch Zweifel – eben damit es zu einer Kommunikation zwischen zwei Partnern kommt.

Wir entdecken in Seelsorgegesprächen übrigens, daß unsere Gesprächspartner oft durchaus das Bedürfnis haben, eine mehr symmetrische Beziehung zu ihrem Seelsorger und ihrer Seelsorgerin herzustellen. Vor allem, wenn diese lange geschwiegen haben, werden an sie Fragen gestellt wie: „Haben Sie auch Kinder?" oder „Wo kommen Sie denn her?" oder sie werden direkt aufgefordert: „Erzählen Sie doch mal etwas von sich – ich habe Ihnen so viel erzählt." In der Regel bedarf es dann keiner ausführlichen Auskünfte. Wichtig ist nur, daß es keine Verweigerung seitens der Seelsorger gibt. Nach einigen Sätzen ergreifen die Gesprächspartner wieder das Wort.

2. Wie zeigt sich nun unser Menschenbild in der Art und Weise, wie wir kommunizieren? In der Regel geschieht das völlig unreflektiert, und es kann durchaus sein, daß ein Seelsorger oder eine Seelsorgerin sich zu einem ganz anderen Menschenbild bekennen als sie dann in ihrer Praxis äußern. Dies letztere interessiert uns mehr als ihr theoretisches Menschenbild, weil es sich praktisch auswirkt und in der Kommunikation ihre Mitmenschen beeinflußt. Zugleich soll im folgenden wenigstens andeutungsweise aufgezeigt werden, wie sich unser Wahrnehmungsfeld im

Zuge der Reflexion von Kommunikationsprozessen erweitern kann.

Der erste Satz, den eine Patientin dem Seelsorger, der sie im Krankenhaus besucht, nach der Begrüßung sagt, lautet: „Ich werde am Hals operiert. Ich bin schon 62 Jahre." Der Seelsorger antwortet darauf: „Nun, da sind Sie noch nicht alt und sehen dazu noch viel jünger aus!" Die Frau ist ob dieses Ausspruchs sehr erfreut, es ist ja ein Kompliment für sie. Etwas später sagt sie dann unvermittelt: „Der Entschluß, mich operieren zu lassen, war nicht leicht. Ich kannte einen jungen Mann, der hatte beiderseits einen dicken Hals, er starb direkt nach der Operation." Darauf der Seelsorger: „Dann muß es sich aber um eine andere Erkrankung gehandelt haben." Die Patientin: „So, das meinen Sie auch? Mein Hausarzt sagt das gleiche." Der Seelsorger preist jetzt den guten und routinierten Operateur des Krankenhauses, der diese Operation fast täglich ausführe, und sagt dann schließlich: „Mir scheint, Sie haben auch keine Angst mehr." Die Patientin antwortet: „Ja, fast nicht mehr. Ich bin sehr ruhig … nur mein Alter …" und ist damit wieder an ihrem Ausgangspunkt angelangt.

Die Frage nach dem Menschenbild des Seelsorgers, das in diesem Gespräch seinen Ausdruck findet, mag im ersten Augenblick merkwürdig klingen. Sie wird aber aktuell, wenn wir beobachten, daß ungezählte Gespräche, die heute im Namen Jesu geführt werden, ein ähnliches Muster aufweisen.

Auf welches Menschenbild hin übt dieser Seelsorger seine Seelsorge? Was ist sein „Entwurf"? Ganz deutlich ist es der Mensch ohne Angst, dem die Patientin ähnlich gemacht werden soll. Der Seelsorger drückt dies Ziel gegen Ende des Gesprächs mit den Worten aus: „Mir scheint, Sie haben auch keine Angst mehr." Mit verschiedenen Argumenten versucht er, sein Ziel zu erreichen: Mit dem Hinweis auf ihre Jugendlichkeit, auf den fähigen Arzt und die im Vergleich zu dem verstorbenen Patienten harmlose Diagnose soll die Patientin angstfrei werden. Das aber scheitert, wie der Schluß des Gesprächs zeigt.

Oft wird auch die Bibel in den Dienst dieses Entwurfs gestellt.[7] Ein Patient sagt dem ihn besuchenden Seelsorger gleich zu Beginn des Gesprächs, daß das lange Krankenlager ihn zum Grübeln bringe. „Wer weiß, wie lange es dauert, und was dann mit mir wird!" Darauf reagiert der Seelsorger: „Sie werden jetzt ein Wort verstehen können, das in der Bibel steht: Alle eure Sorge werfet auf ihn, denn er sorgt für euch. Dies Wort weist uns darauf hin, daß wir durch das Grübeln nichts ändern können, daß aber einer da ist, dem wir unser Leben anvertrauen dürfen." Doch das hilft dem Patienten offenbar nicht viel. Er erzählt kurz darauf, wie Mitpatienten, teilweise in seinem Alter, um ihn herum gestorben sind und äußert damit seine eigene Todesangst.

Wir könnten hier nun unschwer eine ganze Reihe von Gesprächsprotokollen anfügen, die alle in dieselbe Richtung weisen: Das Menschenbild, auf das hin hier Seelsorge geübt wird, ist das des Menschen ohne Angst, ohne Zweifel, auch ohne Auflehnung und Aggression, ohne Klage oder Anklage. Es ist ein reduziertes Menschenbild.

Dabei kann es zu typischen Komplikationen in derartigen Gesprächen kommen. Je mehr der Seelsorger die Hoffnung für diese Menschen betont, desto mehr beharrt sein Gesprächspartner auf seiner Angst. Versucht nun der Seelsorger, auf die Angst einzugehen, so erlebt er zu seiner Überraschung, daß der Patient plötzlich über seine Hoffnung spricht. Will er nun – erleichtert über diese Wendung – dieselbe stützen, artikuliert der Patient wieder seine Angst, und so fort. Solch ein Gespräch gleicht einer Wippe: Ist der eine oben, so ist der andere unten – und umgekehrt. Der Seelsorger ist verwirrt. Er kann sich nicht vorstellen, daß ein Mensch in der Spannung zwischen Angst und Hoffnung lebt, daß da beides – unvereinbar-vereint – in ihm ringt. Das *reduzierte* Menschenbild, das uns für unsere Seelsorge weithin als Entwurf vor Augen steht, ist also zugleich ein *eindeutiges* Menschenbild.

---

7 Das folgende Gespräch wird ausführlicher wiedergegeben und kommentiert im nächsten Kapitel.

Natürlich haben der Seelsorger und die Seelsorgerin das Bild, dem sie ihre Mitmenschen angleichen wollen, ebenso von sich selbst. Auch er/sie selber verbieten sich den Zweifel und die Auflehnung. Und wie sie mit sich selber umgehen, so gehen sie auch mit ihren Nächsten um. Und schließlich scheinen sie auch der Meinung zu sein, daß Gott Zweifel und Klage nicht ertrage. Sonst würden sie ihn nicht immer wieder verteidigen.

Das Komplizierte ist dabei, daß den Seelsorgern selbst dies oft gar nicht bewußt ist. Bewußt vertreten sie vielleicht ein ganz anderes Menschenbild, das philosophischer und theologischer Überprüfung durchaus standhält. Aber in ihrer Kommunikation kommt dann ihr Menschenbild zum Vorschein, nach dem sie selber geprägt worden sind und das oft von ihrem Gottesbild beeinflußt ist. Aus ihren Gesprächen blickt es sie unverhüllt an, wenn sie sich einmal die Mühe machen, diese näher zu besehen und auf ihre Kommunikationsprozesse abzuhorchen.

Es ist ein auf Eindeutigkeiten reduziertes Menschenbild. Es blendet bestimmte Bereiche, die – biblisch wie anthropologisch gesehen – zum Menschsein hinzugehören, aus. Es abstrahiert vom „Menschlich – Allzumenschlichen", von dem die Bibel im Alten und im Neuen Testament voll ist. Es ist der Mensch „ohne Schatten", wie C. G. Jung ihn nennen würde.[8]

Versuchen wir, den verborgenen Sinn dieses Reduktions- und Abstraktionsvorgangs zu ergründen, dann stoßen wir auf das Sicherheitsbedürfnis des Menschen und also auch des Seelsorgers. Klage und Auflehnung, Angst und Verzweiflung verunsichern diejenigen, die damit konfrontiert werden. Wir

---

8 Vgl. z.B. C. G. Jung, Praxis der Psychotherapie, Gesammelte Werke Bd. 16, Olten 1971, 69: „Der hohe Gewinn [...], den die psychologische Einsicht aus der Freudschen Aufklärungsarbeit gezogen hat, ist die Tatsache, daß die menschliche Natur auch eine dunkle Seite hat [...] man kann schließlich ein Haus nicht bloß vom Dachfirst herunter, sondern auch vom Keller herauf erklären, wobei letztere Erklärung erst noch den Vorzug hat, genetisch richtiger zu sein, indem die Häuser nicht vom Dach, sondern von den Fundamenten her gebaut werden, und überdies alles, was wird, beim Einfachen und Rohen beginnt."

haben dem nichts entgegenzusetzen, am allerwenigsten Argumente. Und so versuchen wir dann, jene innere Unruhe, jenen Spannungszustand zwischen Angst und Hoffnung etwa, zu beschwichtigen und zuzudecken – wie der durchgängige Gebrauch des Wortes „Geduld" sowohl bei Seelsorgern wie auch bei Ärzten zur Genüge beweist. Die Mahnung zur Geduld hat in der Regel den Sinn, die eigene Verlegenheit zu verbergen, während die „hypomone" im Neuen Testament gerade das Standhalten in der Spannung zwischen Zweifel und Hoffnung meint, wozu es allerdings gut ist, daß der Mensch nicht allein ist, sondern daß ihm jemand zum Nächsten wird, indem er mit ihm diese Spannung aushält.

Erinnern wir uns an unseren Versuch einer Ortsbestimmung der Seelsorge heute, so verweist das Beschwichtigen von Zweifel und Angst, weist das reduzierte Menschenbild in die Richtung der paternalistischen Kommunikationsstruktur, während das Ausharren beim Nächsten (wobei es durchaus auch einmal geschehen kann, daß es einem die Sprache verschlägt) in die Struktur eines mehr brüderlich-schwesterlichen Umgangs miteinander gehört.

Es sind unsere Gesprächspartner, die uns darauf hinweisen, daß das reduzierte Menschenbild, das den Menschen auf Eindeutigkeiten zu programmieren sucht, an seiner Wirklichkeit gerade vorbeigeht. Sie lassen sich nicht beschwichtigen, und sie wehren sich, wenn wir versuchen, sie eindeutig festzulegen, sei es auf ihre Hoffnung, sei es auf ihre Angst (um dort dann den Hebel anzusetzen). Sie machen uns auf Schritt und Tritt aufmerksam, was Gabriel Marcel in die Worte gekleidet hat: „Wir haben die Doppeldeutigkeit anzuerkennen, die allem, was wir als an sich gleichbleibende Subjekte sind, dennoch anhaftet [...] Ja und Nein, das ist die einzige Antwort dort, wo es um uns selbst geht. Wir glauben und wir glauben nicht, wir lieben und wir lieben nicht, wir sind und wir sind nicht; aber wenn das so ist, dann heißt das, daß wir auf dem Wege zu einem Ziel sind, das wir zugleich sehen und nicht sehen."[9] Das dazugehörige Gebet steht in Mk 9,24.

---

9 P. Ricoeur/G. Marcel, Gespräche, Frankfurt/M. 1970, 100 f.

Es wird übrigens unter Tränen geschrien und lautet: „Ich glaube, hilf meinem Unglauben." Eben das Anerkennen der eigenen Doppeldeutigkeit, das Auf-dem-Wege-sein zu einem Ziel, das wir zugleich sehen und nicht sehen, macht unseren Glauben aus.

Wie kann Seelsorge zu einem solchen Glauben helfen? Ich möchte das wiederum an einem Gesprächsprotokoll aufweisen.

Ein katholischer Priester, ein junger Jesuitenpater, besucht als Krankenhausseelsorger einen evangelischen Pastor, der kurz vor seinem Ruhestand steht. Der kranke Pfarrer erzählt von den schweren Zeiten, die er hinter sich hat – es habe der Verdacht auf eine Krebserkrankung bestanden –, und sagt dann: „In der ganzen Zeit hat mir der Galaterbrief sehr geholfen." Der Priester: „So etwa: Sie sind zur Freiheit befreit?" Die Antwort des kranken Pfarrers darauf lautet: „Ja, manchmal schon – aber manchmal auch nicht."

Der Priester geht nicht weiter darauf ein, sondern spricht dem alten, erfahrenen und leidgeprüften Mann gegenüber einen Wunsch aus: „Wissen Sie, der Wunsch, den ich so an glaubende Menschen Ihrer Generation hätte – das heißt auch an Sie –, der wäre: Zeigt mir, wie man das macht, aus einem lebendigen Glauben heraus so eine Krise zu bestehen." – „Ja", erwidert der Kranke und fährt fort: „Obwohl – so sicher bin ich natürlich auch nicht immer." Darauf der Priester: „Ich auch nicht. Ja und nein, Glaube und Unglaube, das geht bei mir auch immer ineinander." Der Pfarrer: „Daß Sie das so sagen können, das tut mir gut."

In seiner Unsicherheit möchte der Pater von dem Pfarrer lernen, wie man das macht, eine Krise im Glauben zu bestehen. Der Pfarrer aber gibt etwas von seiner eigenen Unsicherheit zu erkennen, zunächst im Blick auf den Galaterbrief: Was da steht, kann er manchmal glauben, manchmal auch nicht. Und dann, gegenüber der ausdrücklichen Bitte des Paters: „So sicher bin ich natürlich auch nicht immer." Das erkennt der junge Pater bei sich selbst wieder; er verbietet aber seinem Gesprächspartner und sich selber diese Unsicherheit nicht, sondern wagt es, sie auch für sich auszusprechen: „Ja und nein, Glaube und Unglaube, das geht bei mir auch immer ineinander." „Daß Sie das so sagen können, das tut mir gut."

Warum tut ihm das gut? – Weil er nicht eindeutig zu sein braucht, weil das unvereinbar Erscheinende zusammengehört, weil ihm eben damit ein Stück Heil zugesprochen wird und mitten in diesem Zwiespalt die Versöhnung mit Gott. So kann er Mut fassen, seinen Weg zu gehen zu dem Ziel, das er zugleich sieht und nicht sieht.

Das hätte sich nicht ereignen können, wenn der Priester versucht hätte, dem kranken Mann den Zweifel zu nehmen, um seinen Glauben zu stärken – er hätte nur den Konflikt in ihm verstärkt. Aber auch, wenn der Priester hier versucht hätte, die Gesprächsmethode nach Rogers konsequent anzuwenden, die ihm die allergrößte Zurückhaltung gebietet, wäre es nicht zu diesem Stück Befreiung gekommen. Es hätte die Solidarität der Glaubenden *und* Zweifelnden gefehlt.

Was tun wir, wenn wir zu einem Menschen in einen seelsorgerlichen Kontakt treten? – Wir machen einen Entwurf von ihm und sorgen, daß er ihm ähnlich wird. Nur möchte ich dafür sorgen, daß mein Entwurf ihn nicht eindeutig fixiert und reduziert. Es ist geradezu das Kriterium für alle Entwürfe vom Menschen, gleich, ob es sich um die mannigfachen theoretischen Entwürfe der vielen therapeutischen Konzepte handelt, die heute um die Gunst der Seelsorge miteinander konkurrieren, oder ob es sich um die verborgenen Entwürfe handelt, die jeder in sich trägt: Ob in ihnen die *Doppeldeutigkeit* wahrgenommen wird, die zu unserem Menschsein gehört, solange wir noch auf dem Wege sind.

Zunächst aber, so scheint mir, werden wir dafür sorgen müssen, daß unsere Entwürfe dem Menschen, so wie wir ihm begegnen, ähnlich werden.

7.

Das Bibelwort in der Seelsorge

Krankenhausaufenthalte sind in der Regel für die Betroffenen Krisenzeiten. Seelsorger und Seelsorgerinnen werden, wenn sie Kranke besuchen, mit diesen Krisen konfrontiert. Und die Hilflosigkeit der Patienten und Patientinnen teilt sich ihnen mit. Sie können ja deren Situation nicht verändern, so gern sie das auch möchten. So kann es nicht anders sein, daß sich in ihnen auch Gefühle der Hilf- und Ratlosigkeit regen. Dann kann es geschehen, daß sie Schwestern und Ärzte beneiden: Die können wenigstens etwas *tun* und sind nicht ganz und gar ihrer Hilflosigkeit, die sie natürlich auch beschleicht, ausgeliefert.

Was *haben* Seelsorger und Seelsorgerinnen, wenn sie an einem Krankenbett sitzen, um mit ihrer eigenen Hilflosigkeit angesichts der Hilflosigkeit der Patienten umzugehen? Sie können zurückgreifen auf das, was ihres Amtes ist. Sie sind Künder des Wortes Gottes, wie es sich in der Bibel niedergeschlagen hat. Das steht ihnen zur Verfügung, das haben Seelsorgerinnen und Seelsorger, Diakoninnen und Diakone in ihrem Studium und in ihrer Ausbildung gelernt. Das Wort Gottes hat auch Autorität, der sie sich beugen. Nun hoffen sie ihrerseits, daß sich auch leidende Menschen dieser Autorität beugen und daraus Trost und Stärkung empfangen.

Manche Bibelworte sind Seelsorgern und Seelsorgerinnen auch zur Erfahrung geworden. Durch sie sind sie selber getröstet und gestärkt worden. Vielleicht ist der Grund dieser Erfahrung schon in der Kindheit gelegt worden. Aber wenn sie Bibelworte und biblische Geschichten predigen, dann lassen sie sich auch von ihnen ansprechen. So gibt es eine ganze Reihe von Worten und Geschichten, in denen sie sich wiederfinden können. Dann brauchen sie sich nicht mehr deren Autorität zu beugen, denn es sind eigene Geschichten geworden. Diese Worte können sie in ihren Gesprächen zitieren, diese Geschichten können sie erzählen, und sie hoffen dann, daß sie diese Geschichten und Worte auch in den Menschen, die sie besuchen, wachrufen können.

Dabei konnte und kann der Seelsorger sich relativ sicher fühlen, wenn sein seelsorgerlicher Zuspruch sich in einem rituellen Rahmen vollziehen kann. Denken wir beispielsweise an die Trauerfeier, so hat darin die Trostrede ihren festen Platz. Der Trauernde ist mehr oder weniger mit dem Ritual vertraut; er weiß, daß er mit einem Bibelwort angeredet werden wird und daß dazu auch eine Auslegung des Bibelworts gehört. Und diese Auslegung – so weiß und erwartet er – wird sich auf den Verstorbenen beziehen und versuchen, Trost zu spenden. Und im allgemeinen werden wir sagen dürfen, daß er dann auch bereit ist, das Gesagte für sich anzunehmen. In der Zeitung dankt er dann dem Pastor oder der Pastorin für die „tröstenden Worte".

In früheren Jahrzehnten konnte ein Seelsorger auch, wenn er ein Krankenzimmer betrat, einen bestimmten rituellen Rahmen in Anspruch nehmen. Er konnte darauf vertrauen, daß von ihm eine kurze Andacht und ein Gebet erwartet wurden. Nach einem kurzen Gespräch, in dem er sich nach dem Ergehen des Patienten oder der Patientin erkundigte, bot er seine Seelsorge in diesem Rahmen an und konnte erwarten, daß seine Worte von den Zuhörenden verstanden und akzeptiert wurden. So habe ich selber Anfang der 60er Jahre in einem Kreiskrankenhaus in einer niedersächsischen Kleinstadt noch arbeiten können.

Diese Sicherheit ist in den letzten Jahren freilich einer großen Unsicherheit gewichen. Ein Seelsorger besucht zwei jüngere Patienten, die zusammen in einem Krankenzimmer liegen. Der eine begegnet ihm unverhohlen aggressiv, mit dem anderen kann er ein Gespräch beginnen. Schließlich sagt er: „Hören Sie bitte einmal auf Verse von einem Menschen, der sich fest in Gottes Hand wußte.", und er zitiert ein

Gedicht, dessen Anfang lautet: „Es steht in deiner Macht, Gott loszulassen, doch hindern kannst du nicht, daß er dich hält." Die Reaktion des ersten Patienten darauf lautet: „Gehen Sie!", während der zweite sagt: „Haben Sie Dank!" – Das sind zwei diametral entgegengesetzte Reaktionen auf das seelsorgerliche Angebot eines Pfarrers.

Wir können heute nicht mehr ohne weiteres voraussetzen, daß biblische Geschichten oder Bibelzitate, daß Gesangbuchverse und christliche Gedichte in Menschen, die wir besuchen, etwas Tröstliches auslösen. Viele aus der jüngeren Generation *verstehen* einfach nicht mehr, was wir da sagen. Sie haben die Sprache der Bibel nicht mehr kennengelernt und wissen Geschichten und auch Namen aus der Bibel nicht mehr einzuordnen.

Waren vor einigen Jahrzehnten Bibelzitate, Gesangbuchverse und biblische Geschichten „Kommunikationsträger", d.h. stellten sie schon die Beziehung zwischen Seelsorger und Besuchten her, so ist es heute fast umgekehrt. Es erfordert heute eine anstrengende und oft langwierige „Beziehungsarbeit", ehe der Seelsorger etwas aus der Tradition, aus der er kommt, verständlich machen kann. Und ob seine „Beziehungsarbeit" auch zum Erfolg führen wird, das weiß er nicht vorher.

Das kann einen Seelsorger und eine Seelsorgerin sehr einsam machen. Wir sind ja – ob Theologen, Diakone oder Gemeindeglieder ohne Theologiestudium – darauf angewiesen, daß wir unseren Glauben aussprechen können und ein Echo darauf empfangen. Diese Einsamkeit wurde in meiner Theologengeneration noch durch Schuldgefühle vergrößert, wenn wir in einem Seelsorgegespräch die biblische Botschaft nicht zur Sprache bringen konnten. Wir hatten das Gefühl, angesichts unseres Auftrags versagt zu haben.

Auf diesem Hintergrund fragen wir uns: Gibt es heute überhaupt noch eine Chance, im Seelsorgegespräch die Bibel anzuführen? Und gibt es vielleicht bestimmte Bedingungen, unter denen dies eventuell gelingen kann? Wir wollen versuchen, diese Fragen mit Hilfe von Fällen aus der Praxis der Seelsorge ein Stück weit zu klären.

Ein jüngerer Seelsorger besucht eine 48jährige Frau vor einer Knieoperation. Die Patientin befürchtet, daß ihr Knie danach für immer steif bleiben wird. Sie arbeitet auf einer kirchlichen Dienststelle. Sie erzählt: „Auf meiner Arbeitsstelle haben alle zu mir gesagt, daß sie an mich denken wollen. Sie sind alle gut zu mir. Sie wollen mich immer trösten. Sie wissen: ich habe drei Kinder verloren. Immer wieder frage ich mich: Warum ist das geschehen?"

Der Seelsorger versucht, auf die Frau einzugehen. „Sie schlagen sich herum mit der Frage nach dem Warum." – „Ja, sehr." – Der Seelsorger fährt fort: „Sie meinen, es würde Ihnen helfen, wenn Sie auf diese Frage eine Antwort bekämen." – „Ja", sagt die Frau, „dies beschäftigt mich sehr, warum gerade ich das alles aushalten muß. Anderen geht es so gut." – Darauf der Seelsorger: „Ich kenne dieselbe Frage aus dem Alten Testament: Der Fromme klagt darüber, daß es dem Gottlosen so gut geht."

Die Frau geht darauf nicht ein, sondern fragt zurück: „Kennen Sie Pastor X? Der wollte mich auch trösten." Und dann berichtet sie über den vergeblichen Tröstungsversuch dieses Pastors.

Aus diesem kurzen Gesprächsfragment geht hervor, daß die Frau sich nicht trösten lassen will. Sie befürchtet, als der Seelsorger das Alte Testament nennt, daß er in seinem nächsten Satz mit Hilfe der Bibel eine Antwort auf ihre Frage zitieren wird. Dem baut sie vor, indem sie auf einen Pastor hinweist, der sie *auch* trösten wollte, aber vergeblich.

Warum weist diese Frau (die eine kirchliche Mitarbeiterin ist!) den Tröstungsversuch des sie besuchenden Seelsorgers schon im voraus zurück? – Wenig später berichtet die Frau von ihren Erfahrungen mit der Seelsorge. Sie sagt: „Die älteren Pastoren (den sie gerade besuchenden Pfarrer möchte sie davon ausnehmen, weil sie von ihm etwas anderes erhofft) sagen ein Bibelwort – und dabei haben sie noch gar nicht gehört, was man auf dem Herzen hat. Dann kann man das Bibelwort gar nicht hören. Wenn Sie alle die Patienten hier auf der Station einzeln sprechen könnten, was glauben Sie, was Ihnen da alles erzählt würde! Erst wenn einer alles erzählt hat, dann dürfen Sie Ihr Bibelwort sagen!"

Das heißt – und zahllose Untersuchungen von Gesprächsverläufen bestätigen dies –: Die Konfrontation mit der Bibel geschieht zu früh. Der leidende Mitmensch hat sich noch gar nicht aussprechen können. Mit Hilfe des Bibelworts wird er unterbrochen. Dadurch fühlt er sich gestört. Erst wenn einer sich von dem anderen ganz verstanden fühlt (und dafür muß er sich aussprechen können), kann er auch verstehen, was der andere ihm sagen will. Verstandenwerden und Verstehen bedingen einander. Auch wenn ich möchte, daß jemand ein Bibelwort versteht, gilt diese Regel.

Wer den Worten der kranken Frau genau zuhört, der merkt, daß es hier nicht um eine grundsätzliche Ablehnung der Bibel und ihrer Botschaft geht, sondern um etwas, was mit dem Bibelwort im Verlauf eines Gesprächs geschieht. Das Gespräch wird dadurch charakterisiert, daß der Seelsorger nicht oder jedenfalls nicht lange genug zugehört hat. Sein Gegenüber hat noch nicht alles, was er auf dem Herzen hatte, loswerden können. In diesem Fall kann man das Bibelwort gar nicht aufnehmen. „Erst, wenn einer alles erzählt hat, dann dürfen Sie Ihr Bibelwort sagen."

Ein Seelsorger besucht einen Patienten, 26 Jahre alt. „Darf ich Sie besuchen?" – „Bitte! (Nach einer kleinen Pause:) Was soll ich Ihnen erzählen? Ich bin leberkrank, jetzt liege ich 14 Wochen hier. Eine lange Zeit. Sonst war ich immer gesund." – Der Seelsorger informiert sich: „Haben Sie Schmerzen?" – „Nein", lautet die Antwort, „aber es ist ein Auf und Ab. Mal sind die Blutbefunde besser, dann wieder schlechter. Das zermürbt. Das dauert so lange." – Der Seelsorger fragt weiter: „Haben Sie berufliche Nachteile zu erwarten?" – Auch das bejaht der Patient nicht. Er sagt: „Ich bin Diplom-Kaufmann, habe vor kurzem eine Stelle angefangen. Ich kann mir nicht denken, daß ich meine Arbeitsstelle verliere, das geht doch nicht. Aber das Krankenzimmer bringt mich zum Grübeln; wer weiß, wie lange es dauert und was dann mit mir wird!"

Der Pastor möchte ihm darauf ein seelsorgerliches Wort sagen. „Sie werden jetzt ein Wort verstehen können, das in der

Bibel steht: Alle eure Sorgen werfet auf ihn, denn er sorgt für euch. Jesus hat ähnliches gesagt. Das Wort weist uns darauf hin, daß wir durch das Grübeln nichts ändern können, daß aber einer da ist, dem wir unser Leben anvertrauen dürfen."

Hier entsteht eine Pause im Gespräch. Wir nutzen die Pause, um zu fragen: Was tut der Seelsorger hier? Zunächst stellt er dem Patienten Informationsfragen, um ihn kennenzulernen. Interessant ist, daß der Patient beide Fragen nicht bejaht. Der Pastor hat also „danebengefragt", und der Mann kann sich noch gar nicht verstanden gefühlt haben. Dann sagt der Seelsorger ziemlich unvermittelt sein Bibelwort, das „Evangelium an den Einzelnen". Das ist die Autorität – der Pastor nennt noch Jesus –, der der Patient sich beugen soll. Der Seelsorger spricht von Amts wegen!

Der Patient spricht dann weiter: „Diese Wochen hier waren sehr hart für mich. Hier hat einer gelegen, so alt wie ich, genau: ein Jahr älter, 27 Jahre. Der ist letzten Mittwoch an Krebs gestorben. Ich habe es miterlebt, wie er abnahm und vor Schmerzen schrie, bis sie ihn schließlich in ein Einzelzimmer gebracht haben ... Dann denke ich, was dir noch alles passieren kann ... Dann kam in sein Bett einer, der ist am nächsten Tag gestorben ... Ich habe sonst noch nie mit so etwas zu tun gehabt. Das hat mich ganz schön mitgenommen."

Der Seelsorger hat von dem Patienten gehört, daß er grübelt. Und er denkt nun, daß der Patient „jetzt ein Bibelwort verstehen" kann. Aber der kranke Mann geht auf das Bibelwort und die sich anschließende kurze Auslegung – ein christologischer Bezug und eine Anwendung auf seine Situation – nicht ein. Es entsteht eine Pause. Und dann beginnt der Patient doch, dem Seelsorger anzuvertrauen, worüber er nachgrübelt – obgleich das nach dem Bibelwort nicht helfen soll! Wer genau hinhört, der spürt, wie der Mann mit der bangen Frage beschäftigt ist, ob er vielleicht sterben muß.

Jetzt wird deutlich, was die geheime Funktion des Bibelzitats in diesem Gespräch ist. Der Seelsorger spürt – ohne daß er sich während des Gesprächs selbst Rechenschaft darüber ablegt – die große Unruhe des Patienten. Und er hört – ohne daß er sie schon ganz versteht – Signale: „Wer weiß, wie lange es dauert und was dann mit mir wird." Da fällt ihm ein Bibelwort ein, von dem er hofft, daß jeder es aus seinem Konfirmanden-Unterricht kennt. Er setzt voraus, daß es dem Patienten selber auch nicht unbekannt ist, und daß er ihn nur daran zu erinnern braucht. Jetzt wird er es verstehen – wie das ja manchmal zu gehen pflegt, daß wir einen Spruch oder ein Gedicht, das wir schon lange kannten, plötzlich verstehen. Dem Pastor selber ist dies Wort jedenfalls sehr wichtig geworden.

Aber damit geht er an dem Patienten vorbei. Denn was ist in der Kommunikation zwischen den beiden geschehen? Das Bibelwort hatte die Funktion, dem Patienten Einhalt zu gebieten. Er soll nicht weiter grübeln. Der Seelsorger will sich von dem, worüber der Patient grübelt, nicht aus der Fassung bringen lassen. Denn das würde ihn ja in eine große Verlegenheit stürzen, ja ohnmächtig machen. Deshalb will er nicht weiter zuhören. Mit dem Bibelwort versucht er (vergeblich!), dem Patienten den Mund zu stopfen.

Ganz bewußt wird ihm das allerdings erst, als er das Gespräch in einer Gruppe von Seelsorgern und Seelsorgerinnen vorlegt. Da erkennt er, daß das Bibelwort die Funktion der Abwehr des Leids seines Mitmenschen hatte, und er versteht nun auch, warum dieser dies Bibelwort nicht annehmen konnte.

Eine weitere Fallgeschichte:

Ein Seelsorger, der eine 33jährige Patientin besucht, möchte nach einem längeren Gespräch, in dem sie ihm sagt, daß sie Gott nicht verstehen könnte, einen Abschluß finden. Und er sagt: „Auch im Glauben können wir Gott nicht erklären. Wir können im Glauben nur sagen: Dennoch bleibe ich stets an dir, denn du hältst mich bei meiner rechten Hand. Und wenn mir gleich Leib und Seele verschmachtet, so bist du doch, Gott, meines Herzens Trost und mein Teil." – Er hofft, daß sie darauf ihr „Amen" sagen könnte. Aber das tut sie nicht. Sie sagt vielmehr: „Gott ist für uns oft so unklar." Sie sagt: „für uns" und hofft wohl ihrerseits, daß der Pastor sich mit ihr solidarisieren kann (wie er es anfangs ja getan hat!) und weiter bei ihr stehenbleibt.

Sein Blick fällt nun auf ein Bild, das auf ihrem Nachttisch steht. Sie berichtet, daß ihr Heimatpastor es geschickt habe. Es zeigt die Sturmstillung (Mk 4,35–41). Das ist *seine* Geschichte, aus der er für sich selbst schon viel Trost geschöpft hat. Und er rechnet nun damit, daß sie auch die Patientin trösten könne. Er fragt: „Kennen Sie die Geschichte auf dem Bild?" Die Antwort der Patientin wartet er nicht ab, sondern fährt gleich fort: „Es zeigt die Sturmstillung. Da waren die Jünger mit Jesus in einem Boot. Und sie kamen in einen großen Sturm."

Da unterbricht ihn die Patientin und sagt: „Die Jünger riefen doch: Herr, mach' den Sturm ruhig, oder so ähnlich." Darauf hält der Seelsorger eine kleine Predigt und betont, daß Jesus von einer Generation zur anderen bei den Leidenden ist, die denken, er schliefe. „Auch heute ist er ganz gewiß bei uns!"

Die Frau, die da vor ihm liegt, geht darauf nicht ein. Er merkt, daß sie nicht mehr sprechen will und verabschiedet sich.

Aber er fühlt sich sehr unwohl und fragt sich, ob seine Worte die Patientin wohl erreicht haben. Er selber war ja so froh, daß er an das Bild auf ihrem Nachttisch anknüpfen konnte. Überblicken wir den kurzen Gesprächsabschnitt, so ist deutlich, an welcher Stelle der Geschichte von der Sturmstillung die Frau sich befindet. Sie sagt es selber: Sie ist an der Stelle, wo die Jünger rufen: „Herr, mach' den Sturm ruhig!" Weiter ist sie (noch) nicht. So kann sie (noch) nicht hören, wie der Pastor die Geschichte zuende erzählt. Für sie ist der Sturm noch nicht gestillt. Für sie schläft Jesus noch. Und Gott ist ihr unklar!

Der Seelsorger hat eine Geschichte erzählt, die *seine* Geschichte ist. Das darf er auch! Aber dann hätte er etwa sagen müssen: „Jetzt habe ich Ihnen eine lange Geschichte erzählt. Ich habe das getan, weil mich diese Geschichte schon oft getröstet hat, wenn über mein Leben Stürme hinweggebraust sind. Aber nun weiß ich gar nicht, ob Sie etwas damit anfangen können." Dann hätte er mit seiner Geschichte keinen Punkt gesetzt, sondern einen Doppelpunkt. Die Frau hätte antworten können: „So wie Sie kann ich das noch nicht. Ich kann nur mit den Jüngern rufen: Mach' den Sturm ruhig!" Und er hätte dann in diesen Ruf mit einstimmen können. Damit wäre die Frau getröstet worden.

Dies Beispiel macht deutlich, wie schwer es uns Seelsorgern und Seelsorgerinnen fällt, in einer Geschichte stehenzubleiben und sie nicht bis zum guten Ende weiterzuerzählen. Wir möchten so gern, daß auch der Patient oder die Patientin das gute Ende schon erleben: die Stillung des Sturmes oder die Heilung ihrer Krankheit. Aber wenn sie sich mit den Jüngern oder den Kranken identifizieren, dann bleiben sie oft an den Stellen, wo sie sich gerade befinden, stehen. Und das ist dann gegebenenfalls der Ruf: Kyrie eleison! Den Kranken hilft es dann, wenn wir in ihren Ruf mit einstimmen, anstatt ihn schnell zu übergehen oder gar zu verbieten.

Da ein Gespräch ein lebendiges, durch gegenseitiges Geben und Nehmen bestimmtes Geschehen ist, dessen Verlauf sich nicht vorweg planen läßt, ist es auch nicht möglich, von vornherein ein Bibelwort einzuprogrammieren. In der Regel stößt ein solches Programm auf den Widerstand des Gesprächspartners, auch dann, wenn er der Bibel positiv gegenübersteht, und belastet das Gespräch. In einem Gottesdienst hat die Verkündigung ihren festen Platz. Im Gespräch kann sie nicht eingeplant werden – aber sie kann dennoch geschehen.

Eine Seelsorgerin begrüßt einen Patienten und erkundigt sich nach seinem Ergehen. Er ist ein alter Mann. „Wie soll es mir gehen – den Umständen entsprechend", antwortet er. Die Seelsorgerin versucht, den Zwischenton aufzunehmen: „Sie sind nicht ganz zufrieden." – Der alte Mann sagt: „Ich liege hier mit einer Blinddarm-Operation. Eigentlich ist das eine kleine Sache …" Er spricht nicht weiter, und die Seelsorgerin ergänzt das Unausgesprochene: „… aber in Ihrem Alter doch nicht so einfach", und fragt dann, wie lange er schon in der Klinik läge. – Vierzehn Tage. – Und ob er Besuch bekäme? – „Ja, meine Frau kommt jeden Tag." – Die Seelsorgerin: „Das ist schön, daß sie das noch schafft. Sie wird wahrscheinlich auch nicht mehr so jung sein." – Darauf der Mann mit einem tiefen Seufzer: „Ach – was ist das menschliche Leben – es ist nichtig." Und er fängt still an zu weinen.

Nach einer Weile nimmt er die Hand der Seelsorgerin, die sie auf seine Bettdecke gelegt hat. Und sie sagt: „In der Bibel steht auch: Das Leben ist wie eine Blume auf dem Felde; der Wind bläst darüber, und sie ist nicht mehr." – Der Mann nickt. Und die Seelsorgerin fährt fort: „Aber in der Bibel geht der Spruch weiter: Das Wort unseres Gottes bleibt ewig. Und das Wort heißt doch: Ich bleibe bei dir, ich lasse dich nicht los." – „Ja, so ist es", antwortet der alte Mann.

Sie sind noch eine Zeitlang zusammengeblieben, ohne etwas zu sagen. Dann verabschiedet sich die Seelsorgerin, und der Mann bedankt sich.

Die Seelsorgerin berichtet später, daß sie sich während des Gesprächs sehr unsicher gefühlt habe. Die Bibelworte seien ihr nicht leicht über die Lippen gekommen. Mit dem ersten Teil des Jesajawortes habe sie ja die schmerzliche Erfahrung des alten Mannes verstärkt, und dies angesichts seiner Tränen! Und sie sei sich gar nicht sicher gewesen, ob er dann auch den zweiten Teil würde aufnehmen können. Auf der anderen Seite habe sie aber auch tief in sich ein Gefühl von Sicherheit gehabt. Sie hatte das Gefühl eines spontanen, guten Kontaktes zu dem Mann, und auf Grund dieses Kontaktes habe sie sich getraut, das Bibelwort, das ihr bei seinem „Ach – was ist das menschliche Leben" eingefallen sei, auch auszusprechen.

Erinnern wir uns, was die Patientin im ersten Gespräch dieses Kapitels sagte: „Erst wenn einer alles erzählt hat, dann dürfen Sie Ihr Bibelwort sagen." Dies „alles" kann ganz verschieden sein. Für den Mann, der sagte, daß das Leben nichtig sei, war schon das genug. Die Seelsorgerin erkennt das an seiner nonverbalen Reaktion: er weint. Dagegen brauchte die Patientin, die wir eben zitierten, noch eine ganze Reihe von Gesprächen, ehe sie es vermochte, sich ihrem eigenen Glauben zu nähern.

In dem folgenden Gespräch kann der Patient überhaupt

nichts sagen. Die Seelsorgerin trifft ihn auf einer Intensivstation. Er ist an eine Fülle von Schläuchen angeschlossen und blickt sie aus angsterfüllten Augen an. Er ist nicht in der Lage, artikuliert zu sprechen und gibt nur einige unverständliche Laute von sich.

Die Hilflosigkeit des Mannes und die ganze Szenerie erfüllt die Seelsorgerin mit Entsetzen und einem tiefen Mitgefühl. Ihr bleibt die Sprache weg. Was soll sie da auch sagen? Schließlich hält sie ihre Sprachlosigkeit nicht mehr aus. Sie sagt: „In der Bibel steht ein Satz: Du bereitest vor mir einen Tisch im Angesicht meiner Feinde. Ihr Feind ist die Krankheit, und ich hoffe, daß Gott Ihnen einen Tisch bereitet im Angesicht aller dieser Feinde." Bei den letzten Worten gleitet ihr Blick über die Schläuche und Apparaturen, von denen der Mann umgeben ist. Ob der Mann etwas mit diesem Wort anfangen kann, weiß sie in dem Augenblick nicht. Aber *sie selbst* nahm Zuflucht bei diesem Satz aus dem 23. Psalm.

Einige Tage später trifft sie den Patienten auf einer normalen Station wieder. Er erkennt sie sofort. „Sie waren bei mir. Sie haben mir ein Wort gesagt von einem Tisch und von Feinden, von denen ich umgeben war. Daran habe ich immer denken müssen. Was war das für ein Wort? Können Sie es mir noch einmal sagen?" Er hatte es zuvor noch nicht gekannt. Nun mußte sie ihm den ganzen 23. Psalm aufschreiben.

Auf den ersten Blick gesehen, wirkt hier ein Bibelwort aus sich selbst. Es trifft den Mann in seiner hilflosen Situation. Er versteht es, und er „versteht" dadurch seine Situation und kann sie besser aushalten. Daß dies so geschah, war nicht vorhersagbar oder berechenbar. Es gehört zu den „wunder-" samen Erfahrungen, die Seelsorgerinnen und Seelsorger machen können. Dennoch dürfen wir nicht aus dem Auge verlieren, was sich zwischen der Seelsorgerin und diesem Mann in den kurzen Augenblicken ihres Kontakts abgespielt hat. Die Seelsorgerin hat sich von der Situation des Mannes tief betreffen lassen. Ganz gewiß hat er etwas davon gespürt. Der Seelsorgerin fiel dies Psalmwort ein, in dem sie die Situation ihres Gegenübers wiederfand. Zugleich konnte sie aber damit – selber sprachlos geworden – Zuflucht zu einer

Hoffnung nehmen, die sie als *ihre* Hoffnung aussprach: „Ich hoffe ..."

Das bedeutet, daß dies Wort in eine Beziehung hinein gesprochen worden ist.

Wort Gottes – das zeigen unsere Beispiele – kann offenbar einem Leidenden nicht so zugesprochen werden, indem man sich zugleich und mit seiner Hilfe vor seiner eigenen Betroffenheit und vor der Betroffenheit eines Mitmenschen abschirmt. In einem Gespräch wird es nur als ein eigenes, persönliches Zeugnis, aus eigener Betroffenheit heraus gesprochen, seinen Weg zum Nächsten finden.

„Die Worte und Bilder, die wir aus der Tradition kennen, können uns bei solchen Gesprächen helfen. Sie sollten allerdings von uns nur eingesetzt werden als Bilder und Worte unseres eigenen gelebten Glaubens und nicht als Autoritäten, an die man glauben muß. Wenn wir solche Worte als ,Ich-Botschaft' bringen, behält der Kranke die Freiheit, sie anzunehmen oder sie für sich abzulehnen. Für uns bedeutet aber eine solche Ablehnung auch keine Abweisung unseres Glaubens, sondern nur dieser bestimmten Ausdrucksform des Glaubens. Wenn auf diese Weise ein Gespräch offenbleibt, bekommt der Kranke Raum, eventuell seine eigenen Glaubensgedanken und Glaubensbilder zu erzählen."[1]

---

1 Ida Piper, Begleitende Seelsorge – Raum für Gottesbegegnungen, Berliner Hefte für evangelische Krankenseelsorge, Berlin 1991, 26 f.

8.

Die Frage nach der Gerechtigkeit Gottes in der Seelsorge

Ein Arzt, der selber zum Patienten geworden war und in einem Krankenhaus lag, begrüßte den ihn besuchenden Seelsorger mit den Worten: „Womit habe ich dies nun verdient? Mein Lebtag habe ich gearbeitet und versucht, anderen Menschen zu helfen – und nun dies!" Und dann fügte er rasch hinzu: „Aber so fragt man ja heute nicht mehr, nicht wahr! Das ist mehr eine Frage, die man im Mittelalter stellte. Das ist ja eigentlich überholt." Der Pfarrer antwortete: „Und doch gehen einem solche Gedanken immer wieder durch den Kopf." – „Ja", sagte darauf der Arzt, „das ist so. Die lassen sich nicht einfach abstellen."

Die Frage nach der Gerechtigkeit Gottes ist – jedenfalls wenn sie uns in der Seelsorge begegnet, kein abstrakt dogmatisches Problem, das wir vielleicht unter dem Kapitel von den Eigenschaften Gottes abhandeln könnten. Wird das Thema in einer seelsorgerlichen Situation angeschlagen, so wird in der Regel nicht die Gerechtigkeit, sondern die Ungerechtigkeit Gottes zur Sprache gebracht. Womit habe ich das verdient? Was ist der Sinn dessen, was ich durchmachen muß? Warum trifft es unter Tausenden gerade mich? Wie kann das Gott zulassen? – Diese Fragen lauten als Aussagen: Das habe ich nicht verdient! Das ist vollkommen sinnlos! Das ist ungerecht! Gott ist ungerecht gegen mich! – Und von diesen Aussagen ist es oft nur ein kleiner Schritt bis zu Sätzen wie: Ich kann nicht mehr an Gott glauben. Es gibt überhaupt keinen Gott!

Es ist verständlich, wenn wir uns derartige Gedanken selber verbieten; und wenn wir sie einmal ausgesprochen haben, dann möchten wir sie – wie der zitierte Arzt – am liebsten sogleich wieder zurücknehmen. Und doch möchte ich, daß wir uns diesen Gedanken stellen. Und damit wir uns gegen die Gefahr einer Flucht in die Abstraktion wappnen, horchen wir in ein seelsorgerliches Gespräch hinein, das sich vor einiger Zeit so ereignet hat.

Eine 75jährige Frau – sie liegt in einem 4-Bett-Zimmer eines Krankenhauses – wird von der Krankenhausseelsorgerin besucht. „Da liegt man nun", sagt die Patientin. „Jeder ist hier so einzeln, so für sich, ich weiß gar nicht, wie ich das sagen soll ..." Und dann ganz unvermittelt: „Wissen Sie, wieviele hier sterben? Solange ich hier bin, sind schon vier Leute gestorben. Denken Sie mal, wieviel das hier in dem ganzen Krankenhaus sein müssen!" Und nach einer kleinen Pause: „Da hofft man nur, daß man wenigstens schlafen kann, damit man das noch für sich hat."

Die Seelsorgerin versucht zu verstehen, wie es in der Frau aussieht: „Sie fühlen sich allem hier so ausgeliefert." Da bricht es wie ein aufgestauter Schwall aus der Frau heraus: „Alles muß man über sich ergehen lassen, das ganze Leben war so: Erst der Krieg, dann Kinder, bauen, arbeiten, und nun der Krebs!" Sie zählt die Stationen ihrer Krankheit auf, sagt, daß der Arzt ihr noch ein halbes Jahr gibt und entlädt ihre Aggressionen gegen die Ärzte und gegen alle möglichen Institutionen.

Die Seelsorgerin versucht, die Gedanken der Frau in positivere Bahnen zu lenken: „Sie haben viel Schweres erlebt, das ist wahr. Aber – waren gar keine guten Tage dabei?" Doch das löst nur einen neuen Dammbruch aus: „Wie denn?! Im Krieg, mit zwanzig Jahren, habe ich eigenhändig Verwandte begraben, neben der Straße Gräber geschaufelt. Dreimal mit meiner Mutter durch die Neiße geschwommen, habe sie hinter mir hergezogen. Von den Polen geschlagen, nur weil ich nicht so wollte wie die, mein eigenes Grab geschaufelt, mußte mich hinstellen, der Pole wollte mich erschießen, in letzter Minute gerettet, den Verlobten verloren, dann findet man endlich wieder jemand, kommt ein Brief aus der Ostzone: Was haben Sie mit meinem Mann gemacht? Und ich

saß da mit einem Kind, der ist dann mit 19 Jahren verun-
glückt. Schließlich geheiratet, zwei Kinder, eine Schwieger-
mutter, die einen zum Bauen überredet, und dann kommt sie
zum Richtfest mit 20 Mark! Nun nur Geld anschaffen, und
jetzt …?" Sie legt das Buch, das sie in der Hand hält, auf den
Nachttisch und fährt fort: „Sagen Sie, was habe ich getan?
Womit habe ich das verdient? Wofür werde ich bestraft? Wissen Sie eine Antwort?!" Kraftlos schlägt sie mit der Hand aufs
Deckbett.

Halten wir an dieser Stelle ein und fragen uns: Was möchten
wir dieser Frau auf ihre Frage sagen? Wie möchten wir reagieren?

Da gibt es gewiß verschiedene Möglichkeiten, wie wir antworten könnten:

– Sind Sie nicht doch etwas ungerecht? Sie haben doch eben
  gesagt, daß Sie zwei Kinder haben. Denken Sie doch an
  die!
– Seien Sie doch mal ehrlich. Sie sind doch nicht die Einzige,
  die durch den Krieg gelitten hat. Fragen Sie doch mal
  meine Eltern!
– Es sind zwar ganz schlimme Dinge, die Sie durchgemacht
  haben. Aber so ganz kann ich Ihnen nicht abnehmen, daß
  Ihr Leben ohne einen einzigen Lichtblick geblieben ist.
– Denken Sie doch mal nach. Kein Mensch ist ganz und gar
  ohne Schuld. Vielleicht fällt Ihnen doch ein dunkler Punkt
  in Ihrem Leben ein?
– In jedem Leid liegt ein verborgener Sinn. Wenn Sie Ihr Leid
  annehmen, dann werden Sie ihn entdecken.
– Wir sollten nicht fragen: Warum, sondern vielmehr Wozu?
– Wen Gott lieb hat, den züchtigt er. Dieser Satz steht in der
  Bibel.
– So dürfen Sie nicht denken! Grübeln hilft nicht weiter, das
  macht Sie nur kränker. Denken Sie an etwas Schönes, an
  etwas Positives!

Vielleicht wird sich der Leser von diesen Antworten distanzieren, weil sie ihm zu plump vorkommen. Sie werden in
der Regel auch viel wortreicher und in liebevoller Weise ver-
packt überreicht. Durchschaut man aber einmal diese Ver-

packungen, dann filtern sich diese Antworten stereotyp heraus.

Die Fragen nach dem Warum und nach dem Sinn kennt ja jeder, wenn auch nicht in der Massivität, wie die Frau sie äußert. Wenn wir die aufgereihten Antworten jetzt einmal als an uns selbst gerichtet lesen – ich fürchte, wir fühlen uns kaum verstanden, sondern vielmehr zurückgewiesen. Wir fangen an zu zweifeln, ob es wohl erlaubt ist, derartige Fragen zu stellen. Wir bekommen den Eindruck, daß niemand sie hören will.

Was wünschen wir uns in einer solch verzweifelten Situation, wo wir fragen: Warum? Und was ist der Sinn dessen, was ich durchmachen muß? Auf diese Frage erhielt ich einmal eine Antwort, die ich zitieren möchte: „Mir würde es gut tun, mit meiner Ausweglosigkeit nicht allein zu sein. Es würde mir reichen, wenn mir einer sagt: Ich bin ja auch ohne Ausweg. Dann sitzen wir beide zusammen. Wo ich keinen Weg sehe, möchte ich auch keinen aufgezeigt bekommen, den ich nicht sehen kann. Er soll mich bitte akzeptieren."

Wir stoßen hier auf eine Eigentümlichkeit: Als selber Betroffene wissen wir sehr wohl, was wir uns wünschen, wenn wir diese Frage stellen: Warum? Womit habe ich das verdient? Aber wenn eine solche Frage an unser Ohr dringt, wenn ein anderer sie ausspricht, dann reagieren wir in der Regel mit Antworten der Art, wie wir sie selber nicht ertragen würden. Wir stehen damit vor einer für die Seelsorge wichtigen Erkenntnis, die ich noch sehr vorsichtig in Frageform ausdrücken will: Vielleicht will dieser so Fragende ja gar keine Antwort von uns?

Romano Guardini kommt in seiner kleinen Schrift *Die Annahme seiner selbst*[1] auf dasselbe Problem zu sprechen. Solange es sich um einen anderen handelt, haben wir plausible Antworten auf die Frage nach dem Warum bereit. Aber wenn es um mich selber geht, verlieren sie ihren Sinn. Und er stellt diese Erfahrung in einen größeren Zusammenhang: „Auf die Frage: warum bin ich, wie ich bin? warum bin ich,

---

1 Romano Guardini, Die Annahme seiner selbst, Würzburg ²1960, 15.

statt nicht zu sein? – und wie sie in alle Höhen und Breiten und Tiefen meines Daseins fortgesetzt werden mag – gibt es von meinem unmittelbaren Sein her keine Antwort. Aber auch nicht aus meiner Umgebung; ja nicht einmal aus der Welt überhaupt."

Das würde uns darauf hinweisen, daß die auf den ersten Blick so profanen, ungerecht und sinnlos klingenden Fragen: Warum geschieht das ausgerechnet mir? Womit habe ich das verdient? Wie kann Gott das zulassen? – auf einen letzten Sinnhorizont abzielen, auf die Frage nach dem Woher und Wohin meiner Existenz überhaupt. Es kann aber nicht anders sein, daß solche Fragen, wenn sie an mein Ohr dringen, mich an das Rätsel meiner eigenen Existenz erinnern. Auch wenn ich mir das in dem Augenblick nicht klar ins Bewußtsein hebe: mit diesen Fragen werde ich immer wieder auch selber in Frage gestellt. Diese Einsicht kann mir helfen, meine eigenen Reaktionen auf solche Fragen besser zu verstehen.

Warum geben wir so gerne Antworten? Oder besser: Warum fällt es uns so schwer, eine Frage offen zu lassen? Der Leser und die Leserin sind eingeladen, an dieser Stelle nicht sofort weiterzulesen, sondern den Text für einen Augenblick aus der Hand zu legen. In ihrer Ungeduld, die Lektüre baldmöglichst wieder aufzunehmen, um die Antwort zu hören, wird ihnen erfahrbar, wie schwer wir überhaupt eine offen gebliebene Frage ertragen.

Ich fand bei Wolfgang Hildesheimer eine (an Schillers Gedicht *Die Teilung der Erde* angelehnte) Parabel, die mich gerade als Theologe betroffen gemacht hat. Zunächst die Einleitung zu dieser Parabel: „Nein. Keiner erwartet eine Antwort. Alles ist bereits Antwort. Keiner fragt, denn keiner weiß, daß man überhaupt fragen kann. Alle sind nur mit den Antworten groß geworden [...], aber es sind keine Antworten auf Fragen, vielmehr sind es Scheinantworten, sie dienen dazu, der Frage zuvorzukommen, die Frage zu verhindern, sind dazu entworfen, den Willen zur Frage im Keim zu erstikken, die Frage so zu verdecken, als gäbe es sie nicht [...]" Und dann die Parabel: „Als die Frage kam, kam sie, wie der Poet zur Verteilung der Güter dieser Erde, zu spät, für sie gab es keinen Platz mehr [...] Grinsend saßen schon [...] die

Männer Gottes auf den Kisten, in denen die Antworten lagen, wohlverpackt, um in die Welt hinausgeschickt zu werden [...]"[2]

Freilich: Es sind nicht nur die „Männer Gottes", die hier angesprochen sind. Auch die Mediziner, die Psychologen und Soziologen, die Biologen und Biochemiker – sie alle sitzen auf ihren Kisten voll mit Antworten auf die Fragen nach dem Warum von Krankheit und Leid, Sterben und Tod, Behinderung und Unfall. Wir ersticken schier an all den unterschiedlichen Erklärungen, die bündelweise je nach Bedarf aus den Kisten hervorgezogen werden, so daß wir uns vielfach schon nicht mehr trauen „Warum?" zu fragen, und denken, diese Frage gehöre ins finstere Mittelalter, in unserer Zeit erübrige sie sich – so meint es der anfangs zitierte Arzt.

Damit haben wir eine wichtige Spur gefunden, die uns verstehen hilft, warum wir (Theologen und andere Humanwissenschaftler) uns selber und anderen verbieten, die Frage nach dem Warum zu stellen. Wir wollen diese Spur noch ein wenig verfolgen.

– Wahrscheinlich ahnen wir, daß es auf diese Frage keine Antwort gibt, jedenfalls keine allgemeingültige Antwort (es mag sein, daß jemand sie im Rückblick und nach langem Kampf für sich ganz persönlich findet). Und niemand bleibt gern eine Antwort schuldig.

– Meistens werden diese Fragen aggressiv und provozierend gestellt. Aggression und Provokation treffen in erster Linie auf den Seelsorger und die Seelsorgerin – sie bieten sich dafür in ihrer Rolle als „Mann Gottes" oder „Frau Gottes" geradezu an. Dadurch werden sie als Seelsorger in die Ohnmacht gedrückt. Sie werden gleichsam Teilhaber an der Ohnmacht des Fragenden. Sie möchten ihn und sich selber vor seiner ohnmächtigen Wut und gleichzeitig sich selber vor ihrer eigenen Ohnmacht schützen.

– Damit kommen wir zu einem dritten Punkt: Diese Frage ist – offen oder verdeckt – an Gott gerichtet. Sie ist eine Provokation Gottes. Bisweilen wird sie offen und unverhüllt ge-

2 Wolfgang Hildesheimer, Tynset, Frankfurt/M. 1965, 136 f.

äußert: „Es gibt keinen Gott! Wie könnte er das alles zulassen, all die Kriege, den Hunger auf der Welt, das schreckliche Erdbeben, all die Ungerechtigkeit … nein – es gibt überhaupt keinen Gott!" Diese und ähnliche Äußerungen sind keineswegs, wie wir im ersten Augenblick vermeinen, ein Bekenntnis zum Atheismus. Sondern sie sind eine verzweifelte Provokation Gottes (provocare heißt: hervorrufen). Wenn uns jemand an den Kopf wirft: Du existierst für mich überhaupt nicht, dich gibt es überhaupt nicht mehr! – dann werden wir alles dransetzen, um ihm zu beweisen, daß wir sehr wohl noch auf dem Plan sind.

Darf man so mit Gott umgehen? Muß man ihm nicht in der Haltung von Demut und Ergebenheit nahen, mit der Einsicht in eigene Schuld und mit Liedern wie „Was Gott tut, das ist wohlgetan" und „Gib dich zufrieden und sei stille" auf den Lippen?

Wir sehen: Unversehens steht auch unser Gottesbild auf dem Spiel. Wer ist dieser Gott? – Wenn ich mich auf den leidenden Menschen (auf die leidende Frau in dem Seelsorgegespräch beispielsweise) einlassen will, dann muß ich mir an dieser Stelle versagen, ein Stück Gotteslehre darzubieten. Vielmehr laß ich mir von den Menschen, die ihr Fragen noch nicht aufgegeben haben, sagen, daß sie Gott als den verborgenen, rätselhaften, furchterregenden Gott, als den ungerechten Richter erleben, den wir übrigens auch in der Bibel wiederfinden, bei Hiob etwa oder in Gethsemane und auf Golgatha. Sie erleben einen Gott, den sie nicht verstehen und den sie provozieren, hervorrufen wollen, damit sie wenigstens ein Zipfelchen von seinem Gewand erhaschen. Hinter der Frage: Womit habe ich das verdient? Was hat das für einen Sinn? Wo ist da Gott? steht die Ahnung, daß diese Frage nur in der Beziehung zu Gott zu lösen ist.

Deswegen muß diese Frage offen bleiben. Denn nur so bleibt die Zukunft offen, nur so ist glaubhaft, daß Gottes Weg mit uns noch nicht zuende ist. Wenn ich diese Frage irgendwo theologisch einordnen soll, dann gehört sie in die „Lehre von den letzten Dingen", in die Eschatologie. „An dem Tag werdet ihr mich nichts fragen" (Joh 16,23) – es ist der Tag des Wiedersehens Jesu mit seinen Jüngern, an dem alles Fragen nach dem „Warum" aufgehoben ist. Aber bis dahin möchte ich mir mein eigenes Fragen nicht verbieten lassen und möchte mich nicht mit Scheinantworten zufrieden geben. Ich habe Fragen, die ich Gott stelle, damit er sie mir beantworte. Und so möchte ich auch meinerseits anderen erlauben, ihre Frage zu stellen.

Ein weiterer Fallbericht soll zeigen, wie das aussehen kann. Er wurde von einer Krankenschwesternschülerin vorgelegt, die unsicher darüber war, ob sie gegenüber der Warum-Frage einer Patientin angemessen reagiert habe. Zu dieser Patientin, einer etwa 60jährigen Frau, hatte sie einen guten Kontakt, und eines Morgens wurde sie nach dem Bettenmachen von der Frau gebeten, doch noch einmal für ein Gespräch zu ihr hereinzukommen.

Als sie nach Erledigung ihrer Routinearbeiten das Zimmer wieder betritt, beginnt die Patientin unvermittelt: „Die Ärzte lügen! Ich weiß, daß ich einen Darmkrebs habe, der bereits ausgedehnt ist. Ich möchte aber noch nicht sterben, weiß auf der anderen Seite aber, daß mein Leben zu Ende geht. Erst habe ich diesen Gedanken verdrängt, doch man kann nicht ewig vor der Wahrheit davonlaufen, vor allen Dingen nicht, wenn die Zeit merkbar begrenzt ist. Verstehen kann ich die Sache trotzdem nicht. Warum ich? Warum muß ich jetzt schon unter diesen Qualen sterben?!"

Die Antwort, die ihr die Schwester in großer Unsicherheit gibt, lautet: „Sie stellen mir eine wirklich schwere Frage, die sehr berechtigt ist, die ich Ihnen aber kaum beantworten kann."

Es entsteht eine Pause. Wie wird die Patientin reagieren? Wird sie die Schwester beschimpfen, weil sie ihr die Antwort schuldig bleibt? Wird sie sich enttäuscht zurückziehen und der Schwester den Rücken zukehren? Wird sie die Schwester auffordern, jemand anders zu holen, vielleicht den Pastor, damit der ihr eine Antwort gibt? Die Schwester berichtet, daß sie in diesen Augenblicken des Schweigens völlig verunsichert gewesen sei, sie habe sich schuldig und ohnmächtig gefühlt.

Zu ihrer Überraschung reagierte die Patientin aber nicht

enttäuscht oder aggressiv. Sie sagt: „Ich habe große Angst vor dem Sterben. Ich bin alleinstehend, aber ich möchte in diesem mir fremden Lebensabschnitt nicht allein sein." Das heißt, sie spricht ihre Angst aus und bittet die Schwester um ihre Nähe für die kommende Zeit (was diese ihr dann auch zusagt).

Das ist nur auf Grund eines großen Vertrauens denkbar. Wie ist dies Vertrauen möglich geworden, wo die Schwester ihr doch eine Antwort verweigert hat? – Das Entscheidende ist wahrscheinlich, daß die Schwester *sich selbst* ihr nicht verweigert hat. Sie bietet ihre Präsenz an. Wenn sie der Frau in irgendeiner Form ihre Frage nicht zugestanden hätte – wenn sie beispielsweise versucht hätte, die Frau mit einer Scheinantwort zu beruhigen –, dann hätte sie sich ihr verweigert. Indem sie aber die Berechtigung der Frage ausdrücklich unterstreicht und sich selbst zu ihrer Antwortlosigkeit bekennt, begibt sie sich auf dieselbe existentielle Ebene wie die kranke Frau. Dadurch kann die Sterbende Mut fassen, sie um ihre weitere Begleitung zu bitten.

In vielen Seelsorgegesprächen haben wir gelernt: Die Warum-Frage, die offen gestellte oder (meist) verhüllte Frage nach der Gerechtigkeit Gottes, gehört nicht auf die Ebene dogmatischer Erörterung (die ganz gewiß ihren eigenen Ort und ihre eigene Zeit hat!), sie ist aber auch nicht ein Zeugnis für Unglauben oder Verstocktheit; vielmehr zielt sie ab auf das Rätsel der eigenen, unverwechselbaren und unwiederholbaren Existenz. Sie kann aufbrechen, wenn diese Existenz verletzt und bedroht ist. Es gehört der Mut der Verzweiflung dazu, sie zu stellen; deshalb wird sie oft erst dann laut, wenn nicht mehr viel zu verlieren ist. Aus demselben Grunde bleibt sie oft auch mühsam unterdrückt („Es kommt doch alles, wie es kommen muß. Es hat keinen Zweck, sich dagegen aufzulehnen.") und stumm.

Und es gehört der Mut des Glaubens dazu, die Warum-Frage zuzulassen oder gar zu ihr zu ermutigen, wenn man merkt, daß sie unterdrückt wird. Denn wenn ich diese Frage zulasse, fallen alle Scheinsicherheiten dahin, alle Masken zerbrechen, alle Antworten werden zur Phrase, die sich selbst entlarvt. Ich bin auf mich selber zurückgeworfen, auch meine Existenz steht auf dem Spiel. Die Verzweiflung weht auch mich an. Zugleich aber bin ich ganz und gar auf Gott geworfen.

„Warum?" Es ist eine Frage, sie sucht eine Antwort, und sie sucht mehr als eine Antwort, sie sucht uns, ob wir bereit sind, diese Frage auszuhalten und mitzutragen.

Mir hat an dieser Stelle eine Geschichte geholfen, die ich bei Isaac Singer am Schluß seines Buches *Schoscha* gelesen habe. „Zwei Juden, die beide den Holocaust überlebt haben, treffen sich in Israel. Der eine Mann, dessen erste Frau umgekommen ist, hat wieder geheiratet. Genia heißt seine zweite Frau, und in ihrem gemeinsamen Haus sitzen die beiden Männer zusammen. Sie sprechen über ihre vielen Toten, über das Unfaßbare; sie müssen leben mit dem Unfaßbaren und mit den Toten und können es doch nicht.

Chaiml, Genias Mann sagt: ‚Warum mußte das alles geschehen? Ich warte auf eine Antwort. Was glauben Sie, gibt es irgendwo eine Antwort oder nicht?' Der andere sagt: ‚Nein, es gibt keine Antwort.' – ‚Warum nicht?' – ‚Es kann keine Antwort auf das Leiden geben – nicht für den Leidenden.' –

Da öffnet Genia die Tür und fragt: ‚Warum sitzt ihr beide denn im Dunkeln?' Chaiml, ihr Mann, lacht: ‚Wir warten auf eine Antwort.'

Es gibt keine Antwort. Für den Leidenden gibt es keine Antwort. Und doch lacht Chaiml, wenn er auf die Frage von Genia, warum sie im Dunkeln säßen, sagt: ‚Wir warten auf eine Antwort.'

Da ist etwas geschehen, etwas ganz Schlichtes. Seine Frau ist hereingekommen mit einer einfachen, verwunderten Frage, und er konnte ihr ehrlich antworten. In der Person der Genia ist Leben hereingekommen, Leben von Gott, verkörpert in ihrer kleinen Gestalt.

Wir sind Genia, wenn wir uns auf die Frage ‚Warum?' einlassen, sie nicht weg-reden, sie nicht weg-antworten, sondern bei dem Menschen bleiben, der so verzweifelt, resigniert oder aggressiv fragt.

Mitten in unserer Hilflosigkeit und Ohnmacht kommt Leben zu diesem Menschen durch uns, durch Gottes Geist, der in den Schwachen mächtig ist."[3]

---

3 Ida Piper, Begleitende Seelsorge – Raum für Gottesbegegnungen, Berliner Hefte für evangelische Krankenseelsorge 57, Berlin 1991, 28; die Geschichte aus: Isaac B. Singer, Schoscha, Roman einer Liebe, München-Wien 1980, 320.

9.

Krankheit und Schuld

Vor einiger Zeit besuchte ich als Krankenhausseelsorger einen Mann, der soeben im Radio eine Andacht über die Heilung des Blindgeborenen (Joh 9) gehört hatte. Da fragen die Jünger Jesus: „Meister, wer hat gesündigt, dieser oder seine Eltern, daß er ist blindgeboren?" Jesus aber durchbricht den Kausalzusammenhang zwischen Schuld und Krankheit. „Es hat weder dieser gesündigt noch seine Eltern, sondern daß die Werke Gottes offenbar würden an ihm." Die Andacht hatte eindeutig betont: Seit Christus gibt es keinen Zusammenhang zwischen Krankheit und Schuld. Der schwerkranke Mann, an dessen Bett ich saß, sagte mir mit Nachdruck: Sie dürfen den Menschen das nicht nehmen, daß sie ihre Krankheit als Strafe für ihre Schuld verstehen! Davon ließ er sich in dem ganzen folgenden Gespräch nicht abbringen.

Wie ist dieser Widerspruch zu einer Botschaft, die einen kranken Menschen ja doch gerade entlasten wollte, zu verstehen?

Es ist natürlich gar nicht zu leugnen, daß es Krankheiten gibt, die auf ein bestimmtes Fehlverhalten zurückgehen, also schuldhaft verursacht sind. Die Ursachenforschung von Erkrankungen ist ein wichtiges Gebiet der Medizin. Es geht dabei um das Zurückdrängen, um das Vermeiden von Erkrankungen durch ein gesundheitsförderndes Verhalten und um die Abkehr von gesundheitsschädigendem Verhalten. Das Mittel, das dabei eingesetzt wird, ist das der breiten Aufklärung. Auf jeder Zigarettenpackung wird dem Raucher warnend mitgeteilt, daß Rauchen die Gesundheit gefährdet.

Aber dem Mann, den ich besuchte, ging es nicht darum, daß er sich gesundheitsschädigendes Verhalten vorzuwerfen hätte. Es ging ihm um eine andere Ebene. Er suchte in seinem Leben nach schuldhaftem Verhalten anderer Art, etwa, wo er seinen Mitmenschen etwas schuldig geblieben war. Für irgendeine Verfehlung – er nannte nichts Konkretes: er *suchte* nur nach Vorfällen und Anlässen – wurde er nun bestraft. Ich konnte ihm das durch rationale, verstandesmäßig durchaus einleuchtende Argumente nicht ausreden. Etwa der Hinweis, daß es Menschen gäbe, die Schuld auf sich geladen hätten, vor der die seine fast zu einem Nichts zusammenschmelzen müßte, die sich aber bester Gesundheit erfreuten, fruchtete nichts. Und obgleich er ein frommer und bibelgläubiger Mann war, forderte der Hinweis auf die Geschichte in Johannes 9 nur seinen bestimmten Widerspruch heraus. Noch einmal: Wie ist das zu verstehen?

Ich vermute, der Schlüssel zu seinem beharrlichen Festhalten an einem ursächlichen Zusammenhang von Krankheit und Schuld liegt darin, daß er seine Krankheit als Strafe *erlebte*. Ich kann aber mein Erleben nicht mit Argumenten, mögen sie noch so einleuchtend sein, wegdiskutieren. Wir müssen uns also, wollen wir diesen kranken Mann verstehen, auf eine andere Ebene als die der Argumentationen begeben: auf die Ebene des Erlebens.

Wie erleben wir einen Schicksalsschlag? Eine plötzlich über uns hereinbrechende Erkrankung? Einen Unfall, bei dem wir verletzt werden? Das Wort sagt es: Wir erleben es als einen *Schlag*. Und was da zugeschlagen hat, ist das Schicksal. Wir brauchen nur auf unsere Sprache zu achten, in diesem Zusammenhang auf den Gebrauch der Worte „schlagen" und „Schlag" in den „Schicksalsschlägen". Wir fühlen uns geschlagen, ja: erschlagen und zerschlagen. Und wir sagen teilnahmsvoll: „Das war ein schwerer Schlag für Sie." Das ist unmittelbar *einfühlbar*, was etwas anderes ist, als daß es dem Verstand einleuchtet, denn jeder kennt es aus eigener Erfahrung.

Ich vermute, daß die Menschen zu allen Zeiten und in allen Kulturen, vielleicht auch in den meisten Religionen Leid- und Krankheitserfahrungen so erleben, mögen auch die Antworten auf dies Erleben und die Deutungen, die man ihnen gibt, von Kultur zu Kultur verschieden sein.

Damit begeben wir uns wiederum auf eine andere Ebene, auf der wir versuchen, unser Erleben zu *deuten* und zu *verstehen*, um überhaupt weiterleben zu können. „Es ist dafür gesorgt, daß die Bäume nicht in den Himmel wachsen", ist eine zur Volksweisheit gewordene Deutung, die häufig von Patienten zitiert wird. „Uns ist es eben zu gut gegangen. Wir waren zu glücklich miteinander. Das konnte ja nicht gut gehen." Es gibt so etwas wie eine „ausgleichende Gerechtigkeit" im Leben der Menschen, so daß man mißtrauisch werden muß, wenn es uns zu lange zu gut geht. Aus Schillers Ballade *Der Ring des Polykrates* sind vor allem drei Zeilen zum „geflügelten Wort" geworden:

Mir grauet vor der Götter Neide –
des Lebens ungemischte Freude
wird keinem Irdischen zuteil.

Es geht also um die rechte „Mischung". Und das Extrem der einen Seite ruft dann eben das Extrem der anderen Seite mit Notwendigkeit hervor. „Dem Glück bezahl ich meine Schuld", sagt der Freund des Polykrates und erzählt vom Tode seines Kindes und Erben. Hier taucht also auch der Begriff der Schuld auf, allerdings in einem theologisch noch völlig unqualifizierten Sinn. Das Schicksal hat (wie die Gerechtigkeit) eine Waage in der Hand, in deren beide Waagschalen Glück und Unglück gehäuft werden. Und wenn die Schale mit dem Glück zu tief sinkt, dann besteht ein Ungleichgewicht, eine „Schuld", die „bezahlt" werden muß, damit das Gleichgewicht wieder hergestellt wird.

Von diesen Vorstellungen, oder besser: Ahnungen, die sich in Schillers Ballade niedergeschlagen haben, tun wir einen Schritt in die Richtung biblischer Aussagen.

Dem schrecklich geschlagenen Hiob sagt einer seiner Freunde: „Siehe, selig ist der Mensch, den Gott straft, darum weigere dich der Züchtigung des Allmächtigen nicht. Denn er verletzt und verbindet, er zerschlägt, und seine Hand heilt" (Hiob 5,17–18).

Hier wird das Erleben des Geschlagenwerdens theologisch

verarbeitet, und zwar so, daß dem Geschlagenen sein Erleben zwar zugestanden wird: Er fühlt sich mit Recht verletzt und geschlagen. Das wird dann gedeutet: Gott straft! Und Gott hat das Recht zu strafen, und der Mensch hat es auch immer verdient. Aber dann wird das ganze gleichsam auf den Kopf gestellt: Der, der verletzt, verbindet auch wieder, und der, der zerschlägt, heilt auch wieder. Darum die Schlußfolgerung: Der Mensch wird im Zustand des Geschlagen-seins selig gepriesen, und er wird ermahnt, sich der Züchtigung des Allmächtigen nicht zu verweigern. Die Strafe Gottes ist zugleich seine Zuwendung, auch wenn das Verbinden und Heilen der Wunden noch aussteht.

Im Neuen Testament gibt es einen Bibelvers, der diese Deutung lapidar zusammenfaßt und auf einen Nenner bringt. Dieser Vers ist ebenfalls zu einem „geflügelten Wort" geworden und nicht selten aus dem Mund von Patienten zu hören: „Wen Gott lieb hat, den züchtigt er." Der Zusammenhang, in dem er steht, ist bezeichnend: Es ist eine väterliche Ermahnung, in der Spr 3,11–12 zitiert wird: „Ihr habt bereits vergessen des Trostes, der zu euch redet als zu den Kindern: Mein Sohn, achte nicht gering die Züchtigung des Herrn und verzage nicht, wenn du von ihm gestraft wirst. Denn welchen der Herr liebhat, den züchtigt er; er geißelt aber jeden Sohn, den er annimmt" (Hebr 12,5–6). In diesem neutestamentlichen Text steht also dasselbe wie in dem Hiob-Text. Und wie das Wort des Freundes bei Hiob eine heftige Abwehr hervorruft, so sind auch wir geneigt, uns dem „väterlichen Wort" nicht zu beugen, vor allem dann, wenn wir mit Hilfe elterlicher Züchtigung erzogen worden sind. Wir bringen es nicht – wie der Hebräerbrief – fertig, das Gezüchtigtwerden mit der Liebe der Eltern zusammenzubringen, von der wir doch überzeugt sein möchten!

Die Verse aus dem Hebräerbrief sind ein hilfloser Versuch, das Geschlagensein mit meiner Krankheit in einen Einklang zu bringen mit Gottes barmherziger Liebe. Mein Widerspruch ist die Antwort auf den Versuch, eine unlösbare Spannung zu harmonisieren. Eine Seelsorgerin wurde schon an der Tür eines Krankenzimmers aggressiv mit den Worten empfangen: „So – wollen Sie mir auch sagen: Wen Gott lieb hat, den züchtigt er?!" und eine Patientin meinte, nachdem sie diesen Satz zitiert hatte: „Aber *so* geliebt möchte ich nun auch nicht sein!"

Doch trotz des Widerspruchs bleibt dieser Satz: „Wen Gott lieb hat, den züchtigt er" irgendwo in uns hängen. So leicht werden wir ihn nicht los. Vermutlich hängt das mit Erfahrungen aus der Kinderzeit zusammen. Als Kinder hatten wir Angst, die Eltern zu verlieren. Dann wäre unser Leben bedroht gewesen. Als etwas ältere Kinder fürchteten wir, die *Liebe* unserer Eltern zu verlieren. Das wäre genauso schlimm gewesen. Deswegen haben wir nicht gewagt, aufzubegehren, wenn wir uns von ihnen ungerecht behandelt gefühlt haben.

Das soll noch an einem Ausschnitt eines Seelsorgegesprächs illustriert werden.

Eine Patientin sagt verzweifelt zu der Seelsorgerin, die an ihrem Bett sitzt: „Sagen Sie, womit habe ich das verdient!"

Die Seelsorgerin versucht, sich an das Erleben dieser Frau heranzutasten. „Ich denke, daß Sie nicht so viel anders sind als ich. Sie haben wahrscheinlich auch Fehler gemacht." – „Natürlich", sagt die Frau. Die Seelsorgerin fährt fort: „Ich für mich muß sagen, ich habe mich ab und zu auch wirklich schuldig gemacht. Ich weiß nicht, wie das bei Ihnen ist." – „Doch – ich auch", antwortet die Patientin. Und die Seelsorgerin: „Aber dies, was Sie jetzt erleben, das steht in keinem Verhältnis zu dem, wie Sie gelebt haben." – „Genau", sagt die Frau und schlägt die Hände vors Gesicht.

„Wie ich das kenne", redet die Seelsorgerin jetzt leise weiter, „daß ich das Gefühl habe: ich genüge nicht – dabei weiß man gar nicht, warum man das so denkt. Und in diese Lücke schlägt der Gott rein." Die Patientin an ihrer Seite fängt an zu weinen und schluchzt: „Genau so erlebe ich das!"

Und jetzt formuliert die Seelsorgerin ihren Widerspruch: „An einen solchen Gott will ich nicht glauben!" Und die Frau stimmt – zunächst zögerlich – ein: „Ich weiß es auch nicht ... Aber an einen solchen Gott will ich auch nicht glauben."

Eine gerechte Bestrafung halten wir für notwendig und haben wir auch als Kinder für notwendig gehalten, denn dadurch wird Schuld getilgt und werden Beziehungen geklärt. Aber wir protestieren – laut oder auch leise –, wenn wir unser Leid in keinem Verhältnis zu unseren Fehlern und unserer Schuld sehen und erleben. Wir können uns dann in dem Psalm wiederfinden: „Mein Herz ist geschlagen und verdorrt wie Gras, daß ich vergesse, mein Brot zu essen. Denn ich esse Asche wie Brot und mische meinen Trank mit Weinen vor deinem Drohen und Zorn, daß du mich aufgehoben und zu Boden gestoßen hast" (Ps 102). Erst hebt er mich auf, und dann stößt er mich zu Boden. Brutaler geht es nicht mehr.

Vielleicht verstehen wir jetzt jenen Mann besser, der mir sehr eindringlich sagte: „Nehmen Sie den Menschen nicht die Möglichkeit, ihre Krankheit als Strafe Gottes zu verstehen!" Er hat sich ja nicht dagegen aufgelehnt, wie wir es eben als Möglichkeit aufgezeigt haben. Er möchte seine Krankheit als Strafe deuten können. Damit steht er keinesfalls allein. Viele Menschen, denen wir als Seelsorger begegnen, denken und suchen in dieser Richtung. „Ich weiß wirklich nicht, womit ich dies hier verdient habe", sagte eine Patientin. „Wenn ich doch wenigstens etwas in meiner Vergangenheit fände, wofür dies eine Strafe ist – ich könnte meine Lage besser ertragen."

Vermutlich gehört die Frage nach dem Zusammenhang von Krankheit und Schuld in den Rahmen der großen Frage nach dem Sinn überhaupt. Das, was im Leiden am unerträglichsten ist, ist seine Sinnlosigkeit. Dann ist einem der Gedanke, daß die Krankheit selbstverschuldet ist, noch lieber, als im Dunkel der vollendeten Sinnlosigkeit zu tappen. Eine Seelsorgerin, die mit einer schwerkranken Frau um die Frage nach dem Sinn ihres Leidens und Sterben-müssens rang, notierte in der Reflexion dieses Kontaktes: „Ich hatte das Gefühl: Ob wir Schuld empfinden als etwas zum Festhalten, wenn um uns herum nur Wasser ist, wenn wir Angst haben, zu versinken, weil das Ufer nicht mehr da ist, das wir verlassen haben und das neue noch nicht sehen – ist es vielleicht einfacher, sich wenigstens an Schuld festzuhalten als gar nichts zu haben?"

Und wenn die Strafe dann noch von Gott kommt – zeigt dies nicht an, daß der Kontakt zu ihm nicht unterbrochen oder gar abgerissen ist? Auch Strafen bedeutet ja – wie paradox auch immer – noch Zuwendung. Furchtbarer noch als das Geschlagen-werden war in unserer Kindheit das tagelange Schweigen der Eltern, die Vermeidung jeglichen Blickkontakts mit uns, als seien wir Luft für sie. Dann haben wir uns nach einer handfesten Strafe gesehnt.

So könnten wir vielleicht den Mann verstehen, der anfangs zu Wort gekommen ist, und der sich dagegen wehrte, sein Leiden nicht als Strafe zu interpretieren.

Kehren wir noch einmal zu der Geschichte aus Joh 9 zurück. „Jesus ging vorüber und sah einen, der blindgeboren war. Und seine Jünger fragten ihn und sprachen: Meister, wer hat gesündigt, dieser oder seine Eltern, daß er ist blindgeboren? Jesus antwortete: Es hat weder dieser gesündigt noch seine Eltern, sondern daß die Werke Gottes offenbar würden an ihm."

Jesu Antwort ist nicht logisch. Der zweite Teil paßt nicht zu dem ersten, er spricht eine andere Ebene an. Der erste Teil geht auf die Frage der Jünger ein, und zwar so, indem er sie verneint. Aber dann durchbricht Jesus jede Logik. Es heißt eben nicht weiter: Der mußte blind geboren werden, damit ich ein Wunder an ihm tun kann. Diese Fortsetzung wäre logisch. Sprachlich bricht der erste Teil der Antwort ab, zwischen den beiden Teilen entsteht eine Pause, in der ein Richtungswechsel geschieht. Nicht die Vergangenheit ist Jesus wichtig – dann wäre er auf die Schuld eingegangen, denn natürlich sind weder der Blindgeborene noch seine Eltern ohne jegliche Schuld! Vielmehr setzt er diesen Mann und seine Krankheit in die Beziehung zu sich selbst: Es geht um das, was im Hier und Jetzt geschieht, um das Heil, das in diesem Augenblick der Begegnung mit Jesus offenbar wird. Der Blindgeborene und nun Sehende begreift jetzt, was es bedeutet, wenn Jesus sagt: „Ich bin das Licht der Welt" (Joh 8,12).

Wir haben gesehen: Es gibt auch andere Antworten in der Bibel. Aber Jesus läßt sich nicht darauf ein – er durchbricht den logischen Zusammenhang von Krankheit und Schuld. Die Schuldfrage interessiert ihn in diesem Augenblick überhaupt nicht. Ihn interessiert nur, daß Gottes Heil offenbar wird. Das ist eine andere Dimension des Sinns, nicht mehr rückwärtsgewandt, eine Antwort auf die Frage nach dem Woher und Warum suchend und schließlich in Resignation endend, sondern ausgerichtet auf die Berührung mit der heilenden Kraft Gottes, mit seiner Offenbarung.

Ich möchte an dieser Stelle unser Thema noch ein wenig erweitern. Es kann nämlich sein, daß wir in der Krise einer Krankheit zu der Erkenntnis kommen, daß wir „falsch" gelebt haben, und daß in unserem Leben etwas anders werden muß. Uns geht auf, daß wir in unserer Vielbeschäftigung zu wenig zu uns selbst gekommen sind, daß wir auch zu unseren Mitmenschen zu wenig gekommen sind, und daß wir wichtigen Fragen unseres Lebens ausgewichen sind. Wir ahnen, daß wir wesentliche Seiten unseres Wesens haben verkümmern lassen. Wir haben alles in die Waagschale „Aktivität" geworfen, während die andere Seite, die „Passivität" viel zu leicht geblieben ist.

Wir nehmen das Bild vom Schicksal wieder auf, das Glück und Unglück gegeneinander abwägt. Aber nun verlegen wir diese Waage in uns selbst. Nun geht es um das sogenannte „seelische Gleichgewicht". Wenn es dort Störungen gibt, wenn wir eine wesentliche Seite in uns vernachlässigt haben, können Schuldgefühle entstehen. Wir sind uns selber, wir sind „dem Leben" etwas schuldig geblieben. Es ist wichtig, auf solche Gefühle zu achten und Signale wahrzunehmen, die uns eine Krankheit geben kann, daß etwas in uns im Ungleichgewicht ist.

Es kann sein (wohlgemerkt: es muß nicht so sein!), daß einem im nachhinein eine Krankheitserfahrung sinnvoll erscheint, weil sie einem geholfen hat, etwas Wichtiges in seinem Leben zu erkennen und zu verstehen, so daß man drangehen kann, sein Leben neu zu ordnen. Darin liegt dann der „Sinn" der Krise. Der entscheidende Unterschied dieser Erfahrung zu dem oben beschriebenen Festhalten an der Schuld ist, daß sie nach vorn ausgerichtet ist, während die Auffassung, daß Krankheit gleichsam die Quittung für begangene Schuld ist, der Vergangenheit verhaftet bleibt. Das Festhalten an der Vergangenheit führt in die Resignation und findet seinen sprachlichen Ausdruck in dem Satz, der so häufig an Krankenbetten zu hören ist und ein Signal ist dafür, daß der Patient das Gespräch abschließen möchte: „Es kommt doch, wie es kommen muß."

Die Öffnung nach vorn spricht sich in den Worten aus: „Ich sehe jetzt mein Leben anders. Man nimmt die Gesundheit immer so selbstverständlich – und das ist sie nicht. Ich möchte bewußter leben. Ich möchte mein Leben ändern."

Diese Menschen sehen ihr Leben – durch ihre Erkrankung – in einem anderen Licht. Die Perspektive ändert sich. Und das ist ein Stückchen Heil und Heilung – auch im biblischen Sinn.

10.

Vertrauen und zweifeln

Und das geht so zu, daß ein Christenmensch durch den Glauben so hoch über alle Dinge erhoben wird, daß er aller Dinge geistlich ein Herr wird, denn es kann ihm kein Ding schaden zur Seligkeit. Ja, es muß ihm alles untertan sein und helfen zur Seligkeit […] Nicht daß wir aller Dinge leiblich mächtig sind, sie zu besitzen oder zu gebrauchen, wie die Menschen auf Erden, denn wir müssen leiblich sterben und niemand kann dem Tode entfliehen. Ebenso müssen wir auch vielen anderen Dingen unterliegen, wie wir an Christus und seinen Heiligen sehen. Denn dies ist eine geistliche Herrschaft, die da in der leiblichen Unterdrückung regiert […] Siehe, wie ist das eine köstliche Freiheit und Gewalt der Christen!"

Ich las diesen Luthertext[1] einem Kreis von Seelsorgern und Beratern vor. Sie arbeiteten im Krankenhaus, im Gefängnis und in der Telefonseelsorge. Es waren auch nicht-studierte Mitarbeiter darunter. Was lösten diese Worte in ihnen aus? Durchweg gemischte Empfindungen. Auf der einen Seite Sehnsucht. Ja, so möchte es sein! Diese Freiheit wünsche ich mir! Nichts kann mir schaden! Einen solchen Glauben, ein solches Vertrauen möchte ich haben! Auf der anderen Seite Widerstand. So stimmt das nicht. Wir erfahren immer wieder unser Gebundensein anstatt Freiheit, unsere Macht- und Hilf-

---

1 Martin Luther, Von der Freiheit eines Christenmenschen, 1520, (Luther Deutsch, hg. v. Kurt Aland, Bd. 2, 260).

losigkeit. Wir erleben täglich, wie wir in vielen Dingen unterliegen. Einer sagte es so: „Ich fühle mich hin- und hergerissen." Das ist die Empfindung des Zweifels.

Dieser Text spricht unsere Zweifel an. Denn es werden in ihm zwei Pole aufgezeigt, die in einer unaufhebbaren Spannung zueinander stehen. Luther hebt diese Spannung an keiner Stelle auf. Hart steht es nebeneinander: Auf der einen Seite unser Unterlegen-Sein, unsere Ohnmacht gegenüber dem eigenen Leid und dem vielfältigen Leiden anderer – auf der anderen Seite unsere Erhabenheit über alle Dinge. Die erste Seite wird nicht relativiert, verharmlost oder verdrängt. Sie wird nicht aufgehoben, sie verschwindet nicht angesichts der zweiten Seite. Sie steht hart im Raum und bleibt auch hart im Raum stehen. Und es will beachtet sein, daß Christus „und seine Heiligen" auch auf diese Seite gehören! Aber ebenso hart im Raum steht auch die andere Seite, die Erhabenheit über alle Dinge, über Leid und Tod. Auch sie wird nicht durch die erste Seite aufgehoben oder relativiert. In dem Augenblick, wo Leid und Tod nicht mehr ernst genommen würden, würde auch der Trost seines Charakters entkleidet, würde er zur Vertröstung, der wir nicht trauen könnten. Es will beachtet sein, daß sich in dem Text kein Appell an den Glauben findet, mit der Absicht, sich auf diese Weise des Leids und des Todes zu bemächtigen. Damit wäre die Polarität aufgehoben, und weder Leid und Tod auf der einen Seite noch der Trost auf der anderen Seite wären noch das, was sie sind.

Es wird uns also kein „Reckaufschwung" empfohlen: Wenn man Glauben hat, dann kann einem Tod und Leid nichts anhaben. Oder – um ein anderes Bild zu gebrauchen – es geht nicht um eine Art Wippe, bei der einmal die eine Seite, dann wieder die andere Seite oben ist. Ist der Glaube oben, dann verschwinden Leid und Tod in der Versenkung – und umgekehrt. Sondern es handelt sich um eine Spannung. Einer aus der Gesprächsrunde sprach es so aus: „Wir sind immer eingespannt zwischen Sinnlosigkeit und Sinn, nein, vielmehr dem *Verlangen* nach Sinn", so verbesserte er sich. Diese Spannung ruht nicht in sich, sondern sie ist in die Zukunft gerichtet, hin zur Auflösung der Spannung, zur Erlösung, vom Glauben zum Schauen. Dann aber würde die Spannung selber Glauben heißen, „die köstliche Freiheit und Gewalt der Christen".

In der Krankenhausseelsorge stehen wir oft Menschen gegenüber, die am Sinn ihrer Krankheit, und wenn die Krankheit sie ganz und gar in ihrer Gewalt hat, an dem Sinn ihres Lebens überhaupt zweifeln. Sie fragen: „Warum muß ich dies alles leiden?" „Womit habe ich das verdient?" (Auch das ist eine Frage nach dem Sinn!) „Was hat mein Leben noch für einen Sinn?" Und dann wird diese Frage mit Gott in Verbindung gebracht: „Wie kann Gott das zulassen?" Und schließlich wird der Zweifel an dem Sinn in dem Zweifel an Gott zum Ausdruck gebracht: „Ich kann nicht mehr an Gott glauben." „Es gibt keinen Gott."

Sehr häufig mißverstehen wir derartige Äußerungen in der Richtung, als wollten sie das Dasein Gottes (im philosophischen Sinn) bestreiten, als handle es sich um Erklärungen von Atheisten und Agnostikern, die ihren Glauben verloren haben. Und so versuchen wir dann oft, unseren Gesprächspartnern den Glauben wieder nahezubringen, sie zu überzeugen, daß es Gott dennoch gäbe und daß sie ihren Glauben nicht wegwerfen sollten.

Derartige Gespräche verlaufen durchweg ergebnislos. Unsere Gesprächspartner widersprechen hartnäckig und geben ihren Widerspruch nicht auf. Das hat weniger mit ihrer Verstocktheit zu tun als mit dem Umstand, daß wir aneinander vorbeireden. Wir haben nicht verstanden, worum es geht, wenn jemand seinen Zweifel an dem Sinn seines Lebens und an Gott ausspricht. Wir denken, wenn einer zweifelt, dann hat er seinen Glauben verloren oder sogar weggeworfen, und unsere Widerrede kann das Vorwurfsvolle in ihr nur mühsam verbergen.

Aber kein Zweifel ist ohne Glaube. Ja, der Zweifel setzt den Glauben voraus. Wer verzweifelt nach dem Sinn fragt, der ist davon überzeugt, daß es ihn gibt. Sonst würde er ihn nicht so verzweifelt suchen. Und wer ausruft: „Es gibt keinen Gott", der will Gott provozieren, er will ihn „hervorrufen". Er leidet unter der „Maske" Gottes, die oft die Fratze des Teufels hat, und möchte sein Angesicht schauen. Und die

Rede „Ich kann nicht mehr an Gott glauben" ist der Schrei im Rücken Gottes, der bewirken möchte, daß Gott sich umdreht und den Rufer anblickt. Wer nach dem Sinn seines Lebens fragt und Gott provoziert, der steht in der Spannung zwischen Sinnlosigkeit und Verlangen nach Sinn, zwischen Ohnmacht und Erhabenheit. Der Glaube ist der Boden, auf dem diese Spannung erst entstehen kann. Die Freiheit eines Christenmenschen besteht darin, daß er nach dem Sinn fragen und Gott provozieren kann. Könnte er das nicht, dann würde die Spannung (der Glaube) zusammenbrechen, und es bliebe nur Resignation, die sich allenfalls in stoischen Gleichmut kleiden könnte.

Eine Seelsorgerin aus der Gesprächsrunde berichtete über den Kontakt mit einer schwerkranken Patientin, die ihr Lebensende nahen fühlte. Im Verlauf des Gesprächs wollte die Seelsorgerin ihr das Bibelwort zusagen: „Es sollen wohl Berge weichen und Hügel hinfallen, aber meine Gnade soll nicht von dir weichen" (Jes 54,10). Die Patientin begehrte heftig auf und sagte: „Ich kenne das Wort gut. Es ist mein Konfirmationsspruch gewesen! Ist es nicht ein schreckliches Wort? Wie kann man das jemandem nur als Konfirmationsspruch geben!?"

Die Seelsorgerin begriff, daß die Situation, in der sich die Frau befand, dies Wort nicht ertrug. Ihr Zweifel konnte sich darin nicht wiederfinden. Die Seelsorgerin erinnerte sich, daß kurz vor diesem Wort bei Jesaja ein anderes steht: „Ich habe dich einen kleinen Augenblick verlassen, aber mit großer Barmherzigkeit will ich dich sammeln." Sie sagte das der kranken Frau. Die nahm es auf. Ihr Gefühl des Verlassenseins war angesprochen. Und auf der anderen Seite die verzweifelte Hoffnung, wieder „aufgesammelt" zu werden. Und sie sagte der Seelsorgerin, daß sie sich dies Wort als ihren Beerdigungsspruch wünsche. Dem Tod unterlegen – und zugleich über ihn erhaben.

Wie ist so etwas möglich? Eine Teilnehmerin aus der Gesprächsrunde berichtete über eine schwere Krise, die sie erst kürzlich überstanden habe. Sie habe darin eine wichtige Erfahrung gemacht. Sie habe in sich selbst keinen Glauben mehr entdecken können. Aber im nachhinein verstünde sie auch dies als eine Glaubenserfahrung. Denn wie hätte sie unter dem Fehlen Gottes so leiden können, wenn sie nicht geglaubt hätte, daß er irgendwo dasein müßte? Sie hätte ihn nicht rufen können, aber sie hätte ihn dennoch rufen wollen. Ob das nicht so etwas wie ein Schrei im Rücken Gottes gewesen sei? Auf eine unerklärliche Weise sei das Fehlende offenbar anwesend. Der Abwesende sei dennoch anwesend gewesen.

Immer wieder werden wir zu solchen Formulierungen geführt, die eine Spannung ausdrücken, über die wir nicht hinauskönnen. Geheimnis des Glaubens! Das Jesaja-Wort: „Ich habe dich einen kleinen Augenblick verlassen …" (zu Jesajas Zeit dauerte dieser „Augenblick" siebzig Jahre!) ist ein Hinweis darauf, daß Gott auch in den Augenblicken, in denen er uns verläßt, die Beziehung zu uns nicht abbricht. Sonst könnte er uns in solche Augenblicke hinein nicht sagen: „Ich habe dich verlassen …" Und eben daran, daß Gott auch als der Abwesende die Beziehung zu uns nicht abbricht, scheinen uns Menschen zu erinnern, die auf ihre Weise die Beziehung zu uns in Augenblicken größter Verlassenheit, unter denen wir leiden, nicht abbrechen, sondern uns aufsuchen und eine Zeitlang bei uns ausharren. Denn dann geschieht es sehr oft, daß wir uns wieder ein wenig sammeln können. Lautete nicht die Verheißung: „… aber mit großer Barmherzigkeit will ich dich sammeln?"

Ich möchte das noch an einem Seelsorgegespräch illustrieren.

Die Seelsorgerin betritt ein Einbettzimmer. Eine etwa 60jährige Frau liegt ganz unter ihrer Decke verkrochen im Bett und guckt sie ängstlich an. Als sich die Seelsorgerin vorgestellt hat, sagt die Patientin: „Ich habe solche Angst. Ach, setzen Sie sich doch hierher." Und sie weist auf einen Platz in ihrer Nähe.

Die Seelsorgerin setzt sich und sagt: „Die Angst hat Sie ganz überflutet." – „Ja, ich kann kaum noch denken", antwortet die Frau und erzählt nun, daß sie am nächsten Tag an ihrer Hüfte operiert werden soll, und zwar zum dritten Mal. Die ersten beiden Operationen waren nicht gelungen. „Wie wird das nun mit der dritten Operation werden", sagt die Seelsorgerin, „daran zu denken, macht Angst." – „Ja", antwortet die Frau, „ich will daran gar nicht denken, aber das kommt natürlich." Dann ergreift sie die Herrnhuter Losungen, die auf ihrem Nachttischchen liegen, und sagt: „Ich lese ja manchmal in dem kleinen blauen Buch. Manchmal ist das ganz gut – dann auch wieder nicht."

Die Seelsorgerin geht darauf ein. Sie kenne die Losungen auch. Und ihr ginge es auch so: „Mal fällt ein Wort oder eine Strophe so ganz in meine Situation, dann ist das gut. Manchmal verstehe ich auch die Sätze nicht. Dann hilft es mir auch nicht." – Die Frau fährt fort: „Die Menschen haben es gut, die so ganz fest an Gott glauben und nichts anderes", und erzählt dann von zwei Frauen, die in ihrem Haus wohnen, die zu einer bestimmten religiösen Gemeinschaft gehören, welche die Seelsorgerin nicht kennt. Die hätten sie vor der Operation zu einer Teestunde in ihre Gemeinschaft eingeladen. Eine ganze Stunde hätten sie für sie gebetet. „Ich konnte es kaum aushalten. Da habe ich gesagt: Ich muß jetzt gehen. Sonst konnte ich nichts herausbringen."

Die Seelsorgerin erwidert: „Das war ganz schlimm für Sie. Und die Angst hat es Ihnen auch nicht genommen!" – „Nein, nein", sagt die Frau, „ich weiß nicht, ob es Gott gibt, ich zweifle immer wieder." Die Seelsorgerin antwortet, daß auch sie Zweifel sehr gut kenne. „Sie auch", sagt die Patientin, „ich denke manchmal, wenn ich nicht mehr zweifle, lebe ich auch nicht mehr." – „Daß Sie das so sagen können", reagierte die Seelsorgerin darauf. Und die Frau stellt die Frage: „Und meine Angst?!"

Nach einer kurzen Pause erzählt die Seelsorgerin, daß sie auch schon einmal in einer ähnlichen Situation gewesen sei, auch vor einer Operation. „Ich erinnere mich, daß mir vor Angst ganz schwindelig war. Ich fühlte mich sehr allein. Das dauerte lange so. Auf einmal konnte ich denken, daß mein Leben ja in Gottes Hand liegt. Da wurde ich etwas ruhiger."

Darauf antwortet die Frau: „Manchmal, ja manchmal spüre ich auch so etwas ..." Und nach einer Pause setzt sie fort: „Es geht mir jetzt etwas besser. Wie gut, daß Sie gerade jetzt gekommen sind. Meine Tochter will morgen auch kommen, wenn ich operiert werde."

Die Seelsorgerin verabschiedet sich und verspricht ihr Wiederkommen nach der Operation. „Ja, da würde ich mich freuen", sagt darauf die Frau.

In diesem Gespräch berichtet die Seelsorgerin der kranken Frau von einer ähnlichen Situation, in der sie gewesen sei. Irgendwann konnte sie dann denken, ihr Leben liegt in Gottes Hand. Hätte sie daraus eine Aufforderung gemacht: „Sie müssen jetzt auch denken, daß Ihr Leben in Gottes Hand liegt" – das Gespräch wäre zuende gewesen und hätte der Frau nichts gebracht. Das tut die Seelsorgerin aber nicht, sondern sie spricht sehr vorsichtig weiter von sich: „Da wurde ich etwas ruhiger" – also war ihre Angst noch nicht ganz und gar verschwunden! Das hilft der kranken Frau, denn darauf kann sie – noch sehr zaghaft – sagen: „Manchmal, ja manchmal spüre ich auch so etwas." Darauf geht es ihr „etwas besser", was sich auch daran zeigt, daß sie sagt, ihre Tochter komme morgen, am Tag der Operation. Damit entläßt sie die Seelsorgerin.

Einen Satz aus diesem Gespräch hat sich die Gruppe, der es vorgelegt wurde, notiert: „Ich denke manchmal, wenn ich nicht mehr zweifle, lebe ich auch nicht mehr." Ganz ähnlich sagt es ein Patient, der ebenfalls von seiner Angst und auch von seinem Vertrauen spricht und schließlich sagt: „Ja, ohne Angst, Zweifel und Vertrauen lebt man nicht."

Beim Überlesen dieser Gedanken will es mir scheinen, als habe ich die dunkle Seite, die Seite unserer Unterlegenheit angesichts von Leid und Tod zu stark betont. Vielleicht liegt das daran, daß wir in unserer Zeit die Abwesenheit Gottes in unserer Weltlage besonders bedrängend erfahren. Vielleicht liegt es auch an meiner augenblicklichen, ganz persönlichen Situation. Nicht immer und überall wird – Gottlob! – die Zerreißprobe zwischen den beiden Polen des Luthertextes so stark erfahren wie in dem seelsorgerlichen Gespräch, das wir berichteten. Liest man übrigens den Luthertext in seinem Zusammenhang, dann wird die „Freiheit eines Christenmenschen" weitaus mehr betont als seiner Unfreiheit. Oft können Menschen sich in ihrem Leid der Nähe Gottes viel unmittelbarer getrösten. Sie erleben Sinn und Geborgenheit mitten in ihrer Not. Aber auch sie stehen in der aufgezeigten Spannung von Unterlegensein und Freiheit, nur daß sie sich in dem Spannungsfeld näher an dem Pol der Überlegenheit befinden. Auch sie werden dies als wundersame Gnade erfahren, und im Rückblick auf ihre Erfahrungen können sie mit Luther ausrufen: „Siehe, wie ist das eine köstliche Freiheit und Gewalt der Christen!"

11.

Leiblichkeit in der Krankenseelsorge

Das Stichwort *Leiblichkeit* fehlt in den meisten einschlägigen Lehrbüchern der Seelsorge und Abhandlungen über die Kranken- und Krankenhausseelsorge, so daß es sich lohnt, auf Ausnahmen hinzuweisen.

Joachim Scharfenberg hat in seiner 1959 erschienenen Dissertation nachgewiesen, daß Johann Christoph Blumhardt immer wieder „den engen Zusammenhang zwischen Leib und Seele betont".[1] Blumhardt wehrt sich gegen die „platonische Auseinanderreißung von Leib und Seele und gegen die Abwertung des Leibes" – deswegen lehnt er auch die Vorstellung einer Unsterblichkeit der Seele ab. Eduard Thurneysen nähert sich dem Leib-Seele-Problem von der Dogmatik her.[2] Er sieht den Menschen von seiner Schöpfung her als „ein nach Leib und Seele Ganzes". Doch spricht er von einem „relativen Dualismus von Leib und Seele"; „seine Humanität hängt [...] ebenso sehr an seinem Leibe wie an seiner Seele, wenn sie auch von seiner Seele her bestimmt wird". Seele und Leib sind die „innere und die äußere Natur" des Menschen, wobei die Seele „das dem Leibe Übergeordnete" ist. So schließt Thurneysen auch nicht aus, daß „die Seele Unsterblichkeit hat", wenn diese Unsterblichkeit auch „ihren Ort tief unterhalb der Ewigkeit Gottes" hat.

---

1 J. Scharfenberg, Johann Christoph Blumhardt und die kirchliche Seelsorge heute, Göttingen 1959, 83 und 51.
2 E. Thurneysen, Die Lehre von der Seelsorge, München 1948, 51 und 47.

Welche Rolle der Leib in der Seelsorge – und zwar sowohl auf Seiten des Seelsorgers und der Seelsorgerin wie auch auf Seiten ihrer Gesprächspartner – hat, darüber wird kaum reflektiert. Eine seltene Ausnahme findet sich bei Walter Uhsadel.[3] „Ruhe, Stille und Sammlung müssen vor allem vom Seelsorger selbst ausgehen. Ein nervöses Trommeln der Finger oder Wippen der Fußspitze lassen den Besucher (sc. im Amtszimmer) spüren, daß man im Grunde keine ‚Zeit' für ihn hat. Auch gelangweilte Blicke fallen auf. Jeder erfahrene Seelsorger weiß, wie schwer diese Fehler manchmal zu vermeiden sind" – zumal dem Seelsorger oder der Seelsorgerin in dem Augenblick oft gar nicht bewußt ist, welche Signale er oder sie aussendet.

Auch Reinhold Gestrich – er ist Supervisor in der Klinischen Seelsorgeausbildung – widmet der Körpersprache einige Aufmerksamkeit, allerdings einseitig der Körpersprache der Patienten und Patientinnen. Seine Krankenhausseelsorge geschieht „im Vorfeld psychosomatischer Behandlungsweise".[4]

In einem 1966 erschienenen und in 25 000 Exemplaren verbreiteten Heft *Ratschläge für die Seelsorge* wird dringend empfohlen, „daß [...] stets ein Tisch zwischen dir und dem anderen Geschlecht steht", verbunden mit der Warnung: „Wo das nicht beachtet wurde, ist mancher zu Fall gekommen".[5] Aus dieser Regel, die auch in akademischen Vorlesungen sowie in Priesterseminaren verbreitet wurde, spricht unverhohlen die Angst vor der (auf Sexualität verengten) Leiblichkeit.

Die kärgliche Ausbeute in der Seelsorgeliteratur legt den Schluß nahe, daß der Leiblichkeit in der Seelsorge kaum Auf-

3 W. Uhsadel, Evangelische Seelsorge, Heidelberg 1966, 164.
4 R. Gestrich, Am Krankenbett. Seelsorge in der Klinik, Stuttgart 1987, 124 ff. Vgl. dazu auch D. Stollberg, So spricht sich Krankheit aus. Erfahrungen aus einer – psychoanalytisch konzipierten – Seelsorgepraxis, in: Berliner Hefte f. evangelische Krankenseelsorge Nr. 52, Berlin 1986.
5 H. Müller, Ratschläge für Seelsorge, Lieme über Lage (Lippe) 1966, 22.

merksamkeit gewidmet wird. Auch in meinen eigenen Arbeiten zur Seelsorge spielt Leiblichkeit kaum eine Rolle. Es sind in erster Linie Frauen, die uns heute mit Nachdruck die „christliche Deformierung des Körpers" vor Augen halten und „neue Wege der Leiblichkeit" beschreiten. Ich erwähne an dieser Stelle Elisabeth Moltmann-Wendel[6], welche die Heilungsgeschichten des Neuen Testaments zentral stellt. „Wollen wir anfangen, unseren Körpern und uns selbst zu vertrauen, dann sollten wir die Heilungsgeschichten als unsere eigenen Heilungen lesen." In der Tat waren die homiletischen Seminare, die ich in Göttingen unter dem Thema „Die Heilungsgeschichten predigen" leitete, von einer sonst nicht gekannten Dichte. Nicht nur, daß „der Jesus uns auf den Leib rückt", wie die Studenten und Studentinnen es ausdrückten, sondern wir wurden uns auch unserer eigenen Leiblichkeit in einer vorher kaum erfahrenen Intensität bewußt – was übrigens auch Ängste auslösen konnte. Die Heilungsgeschichten waren jedenfalls nicht mehr nur Texte – sie wurden am eigenen Leibe erfahren.[7]

Es ist hier nicht der Ort, die Geschichte des Verlusts der Leiblichkeit in Theologie und Kirche nachzuzeichnen.[8] Es ist eine lange Geschichte, die viele Facetten aufweist. Wir beginnen zu ahnen, daß die Kirche dadurch verarmt ist und daß wir gut daran tun, unsere Leiblichkeit wieder mehr wahrzunehmen. Vielleicht kommt dabei der Krankenhausseelsorge eine besondere Aufgabe zu, und die Klinische Seelsorgeausbildung, deren Kurse ja oft in Krankenhäusern stattfinden, könnte helfen, die dort gesammelten Erfahrungen zu reflektieren und zu formulieren.

---

6 E. Moltmann-Wendel, Mein Körper bin ich. Neue Wege zur Leiblichkeit, Gütersloh 1994, 79.
7 Vgl. dazu H.-Chr. Piper, Heil und Heilung, in: M. Klessmann/ K. Lückel (Hg.), Zwischenbilanz. Pastoralpsychologische Herausforderungen, Bielefeld 1994, 57 ff.
8 Vgl. dazu Th. Bonhoeffer, Ursprung und Wesen der christlichen Seelsorge, München 1985 (siehe dort im Sachregister unter „Leiblichkeit, Leib").

Wenden wir uns nun solchen Erfahrungen zu, so drängt sich uns zunächst eine negative Feststellung auf. Viele Patienten wollen nämlich, wenn sie von Seelsorgern oder Seelsorgerinnen besucht werden, nicht über ihre Leiblichkeit und die damit augenblicklich verbundenen Probleme sprechen. Das ist nur zu verständlich. Denn in dem hochtechnisierten Krankenhaus unserer Tage wird der zum Patienten gewordene Mitmensch auf seinen Körper, nein: auf einen nicht mehr befriedigend funktionierenden Körperteil fixiert. Das ist vielen Ärzten durchaus auch bewußt, nur wissen sie nicht, wie sie dem abhelfen sollen. Ein Arzt formuliert es so: „Es verletzt mein (= des Patienten) Selbstbewußtsein zutiefst, daß ich auf die reine Leiblichkeit, die Sorge um den Leib, zurückgewiesen bin. Mehr denn je bin ich von den Verwirklichungen meines Selbst entfernt. Verzweiflung, Niedergeschlagenheit sind die Folge" (Fritz Hartmann).[9]

„Hier hat ja niemand Zeit", klagt ein Kranker dem Seelsorger, „die Ärzte und Schwestern sind alle nur in Eile. Das Essen wird einfach hingestellt, die Tabletten werden gebracht – und so weiter. ‚Na, wie geht's?' – ‚Sie haben ja wieder nicht aufgegessen!'" – Der Seelsorger versucht, darauf einzugehen: „Sie leiden darunter, daß niemand Zeit hat für Sie und Sie versteht." – „Ja", erwidert der Mann, „der Mensch ist doch nicht nur Leib. Ich habe doch auch eine Seele!"

Die Konzentration auf seine Leiblichkeit, auf sein krankes Organ, erlebt dieser Mann so, daß niemand Zeit für ihn hat. Alles rennt, weil es auf einen reibungslosen Ablauf in diesem hochkomplizierten Betrieb ankommt. Da kann es das nicht geben, daß sich jemand aus diesem Betrieb zu ihm setzt und nach seiner Befindlichkeit, nach seinen Ängsten und Hoffnungen fragt. Das kommt nicht vor, daß jemand mit ihm Tischgemeinschaft hat. Das Essen wird einfach hingestellt. Es wird lediglich kontrolliert, ob er auch alles aufgegessen hat. Und wenn das nicht der Fall ist, wird nicht etwa gefragt,

---

9 F. Hartmann, Einflüsse der Krankheit und deren Behandlung auf die Identität des Menschen, in: Niedersächsisches Ärzteblatt 42 (1969), Nr. 12 (Sonderdruck ohne Seitenzahl).

ob es denn nicht geschmeckt habe, oder ob er vielleicht noch zu schwach gewesen sei, sich das Essen zum Munde zu führen. Die Tabletten werden korrekt und in der Regel wortlos auf das Nachtschränkchen gelegt. Täglich wird informiert und notiert, ob der Stuhlgang geklappt hat. „Na, wie geht's?" – Dem Ton, in dem diese Frage gestellt wird, hört man schon an, daß es niemanden wirklich interessiert. So wagt man als Patient auch gar nicht zu sagen: „Es geht mir schlecht!" – höchstens ein „So la la" bringt man heraus, mit dem man signalisiert, daß man nicht gewillt ist, dem Frager mit seinen Sorgen lästig zu fallen, was dieser mit einem lächelnden „Na, sehen Sie! Nur weiter so!" dankbar quittiert. „Ich habe doch auch eine Seele" – das sagt der Patient dem Seel-Sorger. Es ist ein unüberhörbarer Appell an ihn, sich seiner Seele anzunehmen, ihr seine ganze Aufmerksamkeit zu schenken, an diesem Ort, wo sie so vernachlässigt und ignoriert wird.

„Ich weiß, woher ich den Krebs habe – es ist seelisch", sagt eine Patientin der sie besuchenden Seelsorgerin. Sie meint das aber nicht diagnostisch im Sinne der Psychosomatik. Vielmehr will sie die Aufmerksamkeit der Seelsorgerin auf ihre seelischen Probleme lenken. Der Sohn leidet an Muskelschwund. Und der Mann hat sie – deswegen, wie sie sagt – verlassen. Mit niemandem kann sie darüber sprechen, erst recht nicht mit Menschen, die sich um ihre Krebserkrankung kümmern. Dafür hat sie die Seelsorgerin nötig.

Ich bin mehr als mein Körper. Dies „Mehr" wird oft mit „Seele" bezeichnet. Und viele an ihrem Körper erkrankte und auf ihn zurückgewiesene Menschen brauchen es, daß dies „Mehr" auch wahrgenommen und gestützt wird.

Aber dann gibt es auch die brutale Konfrontation mit der Leiblichkeit. Sie kann so brutal sein, daß der erkrankte Mitmensch auch andere damit konfrontieren muß. In einem der ersten Kurse der Klinischen Seelsorgeausbildung im Pastoralklinikum Hannover wurde folgendes Gesprächsprotokoll vorgelegt.

Eine Seelsorgerin wird von einem 38jährigen Mann in einem 6-Betten-Zimmer angehalten. Er ist beinamputiert. Sie hat ihn schon öfter besucht und will heute einen anderen Patienten in dem Zimmer aufsuchen. Der Weg zu diesem anderen Patienten führt freilich an seinem Bett vorbei, so daß sie ihn grüßt:

S 1: Guten Tag, Herr Sch., wie steht's?
P 1: Schlecht! Ich bin ungeduldig! Da! Sehen Sie's sich an!
       (Der Patient schlägt die Bettdecke zurück, weist auf den verbundenen Stumpf des Unterschenkels. Die Seelsorgerin versteht, daß sie den Verband lösen soll, um den nackten Stumpf mit der Wunde anzusehen. Der Ton des Patienten ist aggressiv-fordernd.)
S 2: Warum sollte ich das tun?
P 2: Bitte!
S 3: Hilft Ihnen das?
P 3: Ich kann's nicht –
S 4: Ich habe es noch nie getan.
P 4: Ich habe es einmal getan, ich habe einen Schock bekommen. Ich verkrieche mich. Ich kann's nicht.
S 5: Ich habe auch Angst davor.
P 5: Bitte, tun Sie's!
S 6: Ja – (Sie beginnt, den Verband zu lösen) Tut es Ihnen weh?
P 6: Macht nichts – machen Sie weiter!
S 7. Auch das letzte – das tut sehr weh – es sitzt fest –
P 7: Bitte! – Wie sieht es aus?
S 8: Gut! Alles ist sauber. Es fällt mir nicht mehr schwer.
P 8: (läßt sich zurückfallen, atmet tief ein und aus; wie erlöst:) *Jetzt* glaub ich's!
S 9: Glauben Sie, weil Sie meine Reaktion sahen?
P 9: Ja. –
       Zeigen Sie – wie groß ist die fehlende Haut?
S 10: So groß etwa – beziehungsweise nur so klein (zeigt die Größe mit ihren Fingern)
P 10: Und genau wie lang ist mein Bein noch?
S 11: Schauen Sie doch und knicken Sie das Knie.
P 11: (Er knickt das Knie, aber er schaut nur auf die Augen der Seelsorgerin.)
S 12: So lang (zeigt es durch eine Berührung an seinem unversehrten Bein).

P 12: Das ist gut. – Aber wo nehmen sie die Haut her?
S 13: Ich weiß es nicht. Ich vermute, aus unsichtbarer Stelle.
(Ein Pfleger kommt in ihre Nähe. Sie spricht ihn an:)
Herr K., wir haben eine Frage.
(Pause)
P 13: Ja – woher nehmen sie meine Haut?
K. Vom Po, irgendwo vom Rücken, jedenfalls unsichtbar.
P 14: Jetzt ist es gut.
Ob mich die Schwester wohl verbindet? Meine Frau kommt gleich.
S 14: Soll ich die Schwester I. fragen?
P 15: Das wäre sehr lieb. Wissen Sie, meine Frau hat Angst davor, aber andererseits möchte ich doch nicht drängen.
S 15: Ich verstehe.
(Sie benachrichtigt die Schwester und kommt zurück.)
S 16: Sie wird gleich kommen. Wollen wir's dann gemeinsam ansehen?
P 16: Noch nicht.
S 17: Ich glaube Ihnen.
P 17: Danke.
(Die Seelsorgerin geht weiter.)

Die Seelsorgerin in dem vorliegenden Gespräch fühlte sich völlig überrumpelt. Sie hatte dem aggressiv-fordernden Ton des Patienten nichts entgegenzusetzen. Es blieb ihr gar nichts anderes übrig, als das, was er von ihr forderte, auch zu tun. Völlig verunsichert brachte sie ihr Protokoll in die Gruppe ein. Ob sie *das* hätte tun dürfen?

Freilich – vielleicht hatte sie diesen Überfall ja auch provoziert. Sie wollte nicht bei ihm stehenbleiben, sondern ihn nur kurz grüßen. So fragt sie auch nicht: „Wie geht es Ihnen?" – dann hätte sie bei ihm verweilen müssen, sondern sie fragt: „Wie steht's?" Das signalisiert eine größere Distanz. Der oder die so Fragende bringt damit zum Ausdruck, daß er oder sie nicht bereit ist, ein Stück mitzugehen. Der Patient fühlt sich stehengelassen. Aber was das Wichtigste ist: Die Frage lautet ausführlicher: „Wie steht es sich?" – und auf einem Bein kann der Patient nicht stehen. Diese Erfahrung macht er jeden Morgen, wenn die Schwester ihn aus dem

Bett holt und aufs Bein stellt. Er taumelt und ist darauf angewiesen, daß ihn jemand festhält.

So ist die aggressive Reaktion des beinamputierten Mannes im Nachhinein gut zu verstehen: Es steht sich nämlich schlecht! Und da er nun nicht mehr gehen kann, ist er furchtbar ungeduldig. Mit einem Ruck schlägt er die Bettdecke zurück: „Da!" Und er fordert: „Sehen Sie sich's an!" Und es entsteht die Frage, woher die Seelsorgerin weiß, daß der Patient wünscht, sie solle ihm den Verband lösen. Das verbalisiert er selber ja (noch) nicht.

Führen wir uns die Szene vor Augen: Unversehens liegt der Mann vor ihr – in seiner Unterhose. Sein Glied zeichnet sich deutlich in der Hose ab. Die Seelsorgerin – etwa im gleichen Alter wie der Patient – ist schockiert. Und ohne in dem Augenblick zu wissen, was sie tut, nimmt sie zu einer Rolle Zuflucht, die es ihr erlaubt, Intimität zuzulassen und Wunden zu berühren und anzuschauen. Ein Kind erwartet von der Mutter, daß sie die Wunde ansieht, die schmerzende Stelle streichelt, mit ihrer Spucke benetzt und singt: „Heile, heile Segen". Der Mann wird für sie in diesem Augenblick zu einem kleinen Jungen, der die Mutter bittet, seine große Verletzung anzusehen, ohne daß er sich zu schämen braucht. Die Seelsorgerin hat ihn – wie der Verlauf des Gesprächs zeigt – gut verstanden. Sie nimmt diese Rolle (auch zu ihrem eigenen Schutz) an.

Freilich: Mit dem Handeln selbst kann sie noch nicht gleich beginnen. Sie braucht noch ein Stückchen Klarheit für sich selbst. „Warum soll ich das tun?" – Der Mann antwortet darauf nicht, sondern spricht nur ein dringliches „Bitte!". Auch die nächste Frage: „Hilft Ihnen das?" beantwortet er nicht. Er sagt nur, daß er „es" nicht kann. Jetzt kommt eine „Ich"-Botschaft der Seelsorgerin: „Ich habe ‚es' noch nie getan." Sowohl der Patient als auch die Seelsorgerin vermeiden, dies „es" beim Namen zu nennen. Beide wissen wohl, daß „es" ein Tabu ist! Der Patient begründet seine Unfähigkeit, „es" zu tun. Und die Seelsorgerin: „Ich habe auch Angst davor." Darauf hört sie nur ein noch dringlicheres „Bitte, tun Sie's!" – dem sie sich jetzt nicht mehr entziehen kann.

Sie befürchtet, ihm weh zu tun, und das spricht sie auch

an. Und als der Stumpf dann nackt vor ihr liegt, antwortet sie auf seine Frage, daß es gut und sauber aussehe und daß es ihr auch nicht mehr schwerfällt, (es sich anzusehen). Darauf der Mann mit einem tiefen Seufzer der Erleichterung: *„Jetzt glaub ich's!"*

Was glaubt er jetzt, und was konnte er zuvor nicht glauben? Auch die Seelsorgerin gibt durch ihre Frage zu erkennen, daß sie noch nicht ganz verstanden hat. Auch wagt sie nicht nachzufragen, *was* er nun glaube. Sie fragt nur, ob sein „Glaube" mit ihrer Reaktion zusammenhänge. Das bejaht er. Wie hatte sie denn reagiert? Sie hat auf seine Frage, wie es aussieht, geantwortet: „Gut. Alles ist sauber!" Aber dann fügte sie noch eine „Ich"-Botschaft hinzu: „Es fällt mir nicht mehr schwer." Danach hatte er nicht gefragt – deshalb ist es von besonderem Gewicht. Jetzt kann er es glauben! Es ist ihm schon des öfteren gesagt worden, daß es „gut" und „sauber" aussieht. Vermutlich hat es ihm der Arzt bei jeder Visite gesagt, und die Schwester hat es beim Verbinden wiederholt. Aber da konnte er es noch nicht glauben. Daß sie nicht die Unwahrheit sprachen, das nahm auch er an. Aber sie schauten objektiv und sprachen professionell. Die Seelsorgerin schaute und sprach anders. Sie hatte „es" noch nie getan und hatte Angst vor dem Anblick und fürchtete, ihm weh zu tun. Als sie ihm nun sagte, daß es ihr nicht mehr schwerfalle, konnte er einen ersten kleinen Schritt auf dem Weg des Vertrautwerdens mit seinem versehrten Leib und damit eines wiederzugewinnenden Selbstvertrauens wagen.

Daß es ein erster, kleiner Schritt ist, zeigt der Mann, indem er drei weitere Fragen stellt. Wie groß die fehlende Haut sei? Auch die letzte Frage gilt seiner Haut. Das ist für ihn offenbar keine Nebensächlichkeit. Sie ist ein Organ, dessen Wichtigkeit wir oft übersehen. Die zahlreichen Heilungen der Aussätzigen im Neuen Testament zeigen an, welche Bedeutung Jesus der Haut beimißt. Sie fühlt Wärme und Kälte, Trockenheit und Nässe, Streicheln und Palpieren, Druck und Stoß. Sie kann atmen und Schmerz empfinden. Sie kann schwitzen und schaudern, sich dehnen und zusammenziehen. Und die tiefste Kommunikation geht über und durch die Haut. So sind wir, was unsere Haut betrifft, sehr schutzlos und verletzlich. Wir sterben, wenn ein bestimmter Teil unserer Hautfläche zerstört ist. Und wir sind zutiefst verunsichert, wenn auch nur ein Stückchen unserer Haut fehlt. Wie groß ist das Stück, das fehlt? Das kann die Seelsorgerin beantworten. Sie zeigt ihm, wie groß – und dann korrigiert sie sich: wie klein das fehlende Stückchen ist.

Dann fragt der Mann, wie lang sein Bein noch genau sei. An dieser Stelle geht die Seelsorgerin nun ein klein wenig auf Distanz. Sie mutet ihm zu, wieder zum Erwachsenen zu werden, der seinen Körper beherrscht. „Sehen Sie doch (selber), und knicken Sie bitte das Knie." Aber das kann er noch nicht. Er schaut nur der Seelsorgerin in die Augen; er will sie noch nicht loslassen. Sie markiert auf dem unversehrten Bein die Stelle, wo das andere Bein aufhört. Und noch immer will er sie nicht gehen lassen. Sie soll ihm sagen, woher sie die Haut für eine Transplantation nehmen. Da verweigert sie sich und ruft einen Pfleger herzu. Damit macht sie dem Patienten deutlich, wer für diese Frage zuständig ist. Vor allem aber überläßt sie es ihm, dem Pfleger seine Frage zu stellen.

„Jetzt ist es gut", sagt er und entläßt damit seinerseits die Seelsorgerin. Die Schwester (nicht etwa die Seelsorgerin!) soll ihn wieder verbinden. „Wollen wir's dann gemeinsam ansehen?" fragt sie ihn. Aber das möchte er nun nicht mehr. Vermutlich wird er „es" sich ganz allein ansehen, wenn niemand dabei ist. Was die Seelsorgerin für ihn hat tun können, das hat sie getan. Sie verabschiedet sich mit einem Satz, der zeigt, daß sie Vertrauen zu ihm hat und daß sie seinen Weg und sein Tempo, ihn zu gehen, respektiert. „Ich glaube Ihnen." Vor allem konnte sie ihm vermitteln, daß sein Leib zwar versehrt ist, daß er selber aber kein verstümmelter Krüppel ist. „Ich glaube Ihnen", das ist ihre Botschaft in dem ganzen Gespräch. So daß er mit seinem versehrten Leib wieder einen ersten Kontakt versuchen kann: „Jetzt glaub ich's."

In der Krankenhausseelsorge kommt eine solche Konfrontation mit der versehrten Leiblichkeit nicht selten vor. Vor allem Operationswunden und -narben werden gezeigt. Regelmäßig wird dabei seitens des Patienten oder der Patientin das Gesicht des Seelsorgers oder der Seelsorgerin fixiert: Wie wird er oder sie reagieren? Davon hängt der Verlauf des weiteren Kontakts ab. Für SeelsorgerInnen ist das immer aufs neue eine große Herausforderung.

Eine 61jährige Frau, die von der Seelsorgerin vor einer Gehirnoperation besucht worden war, wird von ihr nach der Operation erneut aufgesucht. Als die Patientin ihrer gewahr wird, ruft sie verzweifelt: „Frau S.! Schauen Sie mich an!" Die Seelsorgerin erkennt sie kaum wieder, sie ist schockiert. Die linke Gesichtshälfte hängt schlaff herunter, sie ist unbeweglich, und das linke Auge ist verklebt. „Ich habe mein Auge verloren", klagt die Frau weiter. „Sie müssen es zunähen, sonst trocknet es aus! Und mein Gesicht! Das haben die verschlampt. Sie haben den Nerv durchgeschnitten! … Was ist da zu sagen?!" Und die Seelsorgerin bekennt: „Ich kann Ihnen darauf nichts sagen. Ich versuche zu ahnen, was das alles für Sie bedeutet. Ich glaube, daß alles Reden jetzt für sie nur billiger Trost sein würde. Sie brauchen Zeit, um sich und Ihre Lage zu übersehen." Im Nachhinein geht der Seelsorgerin auf, daß sie selber Zeit braucht, um das, was sie sieht, zu verarbeiten. Sie fährt fort: „Ich komme gern wieder, wenn Sie mögen, damit wir darüber gemeinsam sprechen." – „Ja, das wäre gut. Ich danke Ihnen, daß Sie gekommen sind", sagt die Frau, um dann noch einmal anzuheben: „Schauen Sie mich an, wie ich aussehe!" Und sie streckt ihr die geschwollenen und zerstochenen, blauen Arme hin. Sie halten sich beide lange bei den Händen und schauen sich lange an. Die Seelsorgerin notiert: „Ich sehe in zwei warme Augen" (obgleich das eine geschlossen ist).

Diese Seelsorgerin hat nicht wie ihre Kollegin aus dem vorhergehenden Gespräch die Chance, etwas für die Patientin *tun* zu können. Das hätte vielleicht auch ihr helfen können, die Situation zu verobjektivieren. Aber gleichwohl verspielt sie nicht das Vertrauen der Patientin. Das verdankt sie ihrer Ehrlichkeit. Sie bekennt sich zu ihrer Sprachlosigkeit. Sie versagt es sich, ihr gut zuzureden. Das hatten die Ärzte und die Schwestern schon mit vielen Worten getan. Entscheidend für den Kontakt ist, daß sie den Blick der Frau aus dem geschundenen Gesicht aushält. Damit zeigt sie ihr an, daß sie nicht ihr Gesicht verloren hat!

Wichtig war auch für diese Seelsorgerin, daß sie ihr Erleben in einer Gruppe ein Stück weit verarbeiten konnte, ehe sie die Patientin wieder besuchte. Sie fühlte sich schuldig, weil ihre Sprache angesichts dessen, was sie zu sehen bekam, versagte. Doch sie lernte, daß sie in ihrer Arbeit auch Grenzen haben durfte, und daß Grenzen für den Kontakt nur dann hinderlich sind, wenn sie (meistens hinter vielen Worten) vertuscht und verborgen werden.

Was ist Aufgabe der Seelsorge im Hinblick auf versehrte Leiblichkeit, wenn der „Bruder Leib" zum Feind wird und das kranke Organ sich dem Menschen entfremdet, wenn der „Zusammenhang des Identitätsgefüges an besonders empfindlicher Stelle gestört ist?"[10]

Wir erleben zwei gegensätzliche Reaktionen bei Patientinnen und Patienten in dieser Krise. Die einen wehren sich dagegen, auf die „reine Leiblichkeit" reduziert zu werden. Wenn sie vom Seelsorger oder der Seelsorgerin besucht werden, nehmen sie die Gelegenheit wahr, über ihre „Seele" zu reden, damit auch diese wahrgenommen wird. Sie haben es nötig, daß ihnen vermittelt und bestätigt wird, daß sie mehr sind als ihr krankes Organ.

Die anderen konfrontieren den Seelsorger oder die Seelsorgerin mit ihrem geschundenen und versehrten Körper. Sie wollen, daß ihre Verletzung, die Entstellung ihres Körpers wahrgenommen wird. Nur so können sie sich allmählich damit vertraut machen. Ihnen muß vermittelt werden, daß sie kein Krüppel sind und daß sie ihr Gesicht nicht verloren haben. Das haben sie nötig, wenn der entfremdete und feindliche Leib wieder zum „Bruder" werden soll.

Auch hier geht es um ein „Mehr", über das amputierte Bein und das gelähmte Gesicht hinaus. Es geht um ein Ganzsein des Menschen, um ein Heil-sein, das die vorfindliche Gespaltenheit und das vorfindliche Unheil transzendiert. Vielleicht läßt sich die „Seele" des Menschen zunächst – wie bei der Frau mit dem gelähmten Gesicht – nur in seinen Augen erkennen.

---

10 F. Hartmann, a.a.O.

12.

Die Wahrheit am Krankenbett

Ein Pastor möchte eine ihm noch nicht bekannte Patientin besuchen und stellt sich ihr als Krankenhausseelsorger vor. Die Frau hebt, ohne etwas zu sagen, nur abwehrend ihre linke Hand. Der Seelsorger fragt: „Sie wehren so ab? Oder was bedeutet Ihre Handbewegung?" Die Frau: „Ja, wissen Sie, mit einem Krankenhausseelsorger habe ich ganz Schreckliches erlebt", und auf seine Nachfrage bietet sie ihm einen Stuhl an und berichtet: „Bei uns zu Hause lag ich auch im Krankenhaus. Da hat mich der Krankenhausseelsorger besucht, und als ich ihm erzähle, was ich habe, da fragt er mich: ‚Spüren Sie den Tod schon in sich? Sie sollten doch lieber nach Hause gehen und dort alles regeln, wenn Sie nur noch so kurz zu leben haben!'" Der Seelsorger reagiert entsetzt: „Das ist ja unglaublich!" Sie guckt ihn an und fährt dann fort: „Ja, ich sehe, wie Ihnen das die Luft wegnimmt. Er hat dann noch gesagt: ‚Bei meinem Schwiegervater war das auch so. Den hat man auch operiert, und nach vier Wochen war er tot.' – Aber ich lebe doch noch, und ich möchte luftig und locker darüber sprechen und nicht immer nur ans Sterben denken. So weit bin ich doch nicht." Sie berichtet dann, wie ihr Mann sich bei der Ärztin beschwert hat, die ihrerseits dem Pfarrer Stationsverbot erteilt habe, nachdem sie sich bei der Bettnachbarin vergewissert hatte, ob er das auch wirklich so gesagt habe.

Etwas später im Gespräch sagt sie: „Ja, und dann kam der zweite Tiefschlag." Sie berichtet von Konflikten zwischen der chirurgischen und der inneren Abteilung des Krankenhauses, in dem sie zuvor gelegen hatte. Als die Ärztin, die sie operiert hatte (eben dieselbe, die dem Pfarrer Stationsverbot erteilt hatte) sie in die innere Abteilung überweisen wollte, sagte der Internist: „Nein, Frau W., gehen Sie lieber nach Hause, das hilft Ihnen hier doch nichts mehr!" Darauf habe ihr Mann sich wieder eingeschaltet und dies der Ärztin berichtet, die sie dann in das Krankenhaus überwies, in dem sie jetzt liegt.

Sie sagt: „Ja, hier sind die Ärzte ganz anders mit mir umgegangen. Sie haben gesagt: ‚Wir können Ihre Krankheit nicht heilen, aber wir können Ihr Leben verlängern.‘"

Wieder etwas später erzählt sie: „Nur – vor 14 Tagen kam ein weiterer Tiefschlag. Da habe ich mit meinem Gynäkologen telefoniert. Ich hatte mal mit ihm über mein Gewicht gesprochen, als ich 74 Kilogramm wog, und er hatte mir eine Abmagerungskur empfohlen. Als ich ihn jetzt anrief, sagte ich ihm: ‚Das geht leider nicht. Ich habe eine schlimme Krankheit und wiege nur noch 40 Kilo.‘ Er fragte dann, was für eine Krankheit das sei, und ich sagte ihm: ‚Ein Tumor an der Bauchspeicheldrüse.‘ Er hat mir dann geantwortet: ‚Nun ja, an der Bauchspeicheldrüse, da kann man leider nichts machen. Dann sind Sie in vier Wochen nicht mehr unter den Lebenden. Aber Sie haben ja jetzt Ihr Idealgewicht.‘"

Der Seelsorger fragt entsetzt zurück: „Das hat er gesagt?!", und sie antwortet: „Ja, ich habe das hier dem Arzt erzählt, und er hat nur gesagt: ‚Was sind denn das für Ärzte! Diagnose per Telefon!‘"

Das Gespräch wird durch eine Schwester, die das Abendbrot bringt, abgebrochen.

Der Seelsorger brachte das Gespräch in eine Supervisionsgruppe ein. Er war sehr aufgeregt. Er fragte, ob so etwas denn überhaupt möglich sei. Freilich seien ihm spätestens bei dem Bericht der Patientin über den Gynäkologen Zweifel gekommen. Aber er habe nicht gewagt, den Zynismus dieses Arztes in Frage zu stellen. Er hätte es auch gar nicht gekonnt. Die Frau habe so aggressiv gesprochen, daß er gar nicht dazwischen hätte kommen können, selbst wenn er es gewollt hätte. Außer den beiden Ausrufen: „Das ist ja unglaublich!" und: „Das hat er gesagt?!" habe er in dem Gespräch nichts sagen können. Nach diesem Kontakt fühle er sich sehr unwohl.

Die Gruppe reagierte zunächst auch entsetzt, vor allem auch über den Seelsorger, der als erster genannt wird. Dann versuchte sie, in das Gespräch selber hineinzuhorchen. Als erstes fiel ihr ein bestimmtes Strukturmerkmal in dem Gespräch auf. Es besteht aus drei deutlich voneinander abgesetzten Abschnitten. Von drei Personen wird berichtet. Jede von ihnen versetzt ihr einen „Tiefschlag". Sie sagen etwas, was die Empörung der Patientin und auch unsere Empörung hervorruft. Sie sagen es teilweise mit denselben Worten. Ein Teilnehmer in der Supervisionsgruppe meinte, das seien ja drei Hiobsboten, die ihr eine Hiobsbotschaft übermittelten. Diese Hiobsbotschaft lautet, daß sie sterben muß.

Durch die erste Botschaft will sie den sie gerade besuchenden Seelsorger auf ihre Seite ziehen. Deswegen erzählt sie von dem unmöglichen Verhalten des Krankenhausseelsorgers, der sie besucht hatte. Und sie merkt, daß das, was sie sagt, ihrem Gesprächspartner „die Luft wegnimmt" – also hat sie Erfolg gehabt. Sie bringt dann noch ein zweites Zitat des Kollegen ihres jetzigen Besuchers; das ist fast noch schlimmer. Und sie nennt auch eine Zeugin für dessen Worte. Das tut sie, damit ihr jetziger Gesprächspartner ihr auch glaubt.

Sie selber lebt noch, sie möchte „luftig und locker" über das Leben sprechen können und nicht immer nur ans Sterben denken. „So weit bin ich nicht." Die Frau möchte nichts anderes als leben. Sie hat ihr Leben noch nicht zu Ende gelebt. Und nun bedroht sie der Tod! Und sie setzt alles daran, daß dieser Seelsorger auf ihrer Seite und damit auf der Seite des Lebens steht.

Dieser Seelsorger – ebenso wie der Pastor in ihrem ersten Krankenhausaufenthalt „erinnert" sie ja an Tod und Sterben – und zwar ohne daß sie etwas darüber sagen! Das ist auch der Grund für die ablehnende Handbewegung am Anfang dieses Gesprächs. Aber nun erinnern sie auch die Ärzte an ihr Sterbenmüssen. Auch der Internist steht auf der Seite des Todes. Er will sie – wie schon der Pastor zuvor – ebenfalls nach Hause schicken, weil ihr nicht mehr zu helfen sei. Was dann schließlich der Gynäkologe sagt, klingt so zynisch, daß an

140

dieser Stelle dem Seelsorger zum ersten Male Zweifel kommen, ob das so wohl stimmen könnte. Es könnte ja sein, daß es der Zynismus der Frau ist (ich habe ja jetzt mein „Idealgewicht"), der aus dem Munde des Arztes spricht.

Aber es ist müßig zu fragen, was denn der Pastor und die beiden Ärzte wirklich und objektiv gesagt haben. Die Botschaft der Patientin ist deutlich: Ich will nichts anderes als leben. Aber der Tod droht. Und ich weiß, daß ich sterben muß. Daß sie es weiß, geht daraus hervor, daß sie den „Chor" der Ärzte in dem Krankenhaus, in dem sie jetzt liegt, ruhig und zustimmend zitiert: „Wir können Ihre Krankheit nicht heilen, aber wir können Ihr Leben verlängern."

Es ist ein Kampf zwischen Leben und Tod, der in der Frau selber tobt. Die Boten des Todes sind in der Überzahl. Aber sie hat auch zwei Boten des Lebens: ihren Ehemann und die Ärztin, die sie operiert hat. Die versuchen sie vor den Hiobsboten zu schützen.

Die Erzählung dieser Frau spiegelt also die Dramatik, die sich in diesem Augenblick in ihrer Seele abspielt, wieder. Und in dies Drama wird der sie besuchende Seelsorger mit hineingezogen. Er soll Partei für sie ergreifen. Er soll zum Boten des Lebens werden. Denn die befinden sich in der Minderheit.

So ganz gelingt ihr das freilich nicht. Der Zynismus des Gynäkologen ist für den Seelsorger so uneinfühlbar, daß er skeptisch wird. Er bekommt das Gefühl, daß er die Frau nicht verstehen kann. Aber in dem Gespräch selbst bekommt er keine Gelegenheit, sich zu vergewissern.

Er fragt die Kollegen und Kolleginnen, was er denn hätte tun können. Und die Gruppe, der derartige Gespräche nicht unbekannt sind (wenn sie auch in dieser Dramatik nicht sehr häufig sind) ist der Überzeugung: Hier kann der Seelsorger nur zuhören. Und er kann versuchen, zu begreifen, daß es hier um eine Auseinandersetzung geht, die sich primär in der Frau selber abspielt. Die Personen, die da auftreten und die sie in wörtlicher Rede sprechen läßt, tragen – wie im griechischen Drama – Masken. Es sind „Boten des Todes" und „Boten des Lebens", die miteinander streiten. Sogar einen „Chor" gibt es: den Chor der Ärzte, der die gleiche Funktion

hat wie im griechischen Drama. Er steht über den Streiten-
den, und was er sagt, ist die Wahrheit.

Zuhören – ohne zu widersprechen – das ist die Chance,
die ein Seelsorger und eine Seelsorgerin in dieser Phase der
Auseinandersetzung haben.

Es kostete den Seelsorger Mühe, sich klar zu machen, daß
die Erzählung der Patientin keine *bewußte* „Fälschung" der
Realität ist. So, wie sie es darstellt, erlebt sie *ihre* Wirklichkeit. Man würde ihr keinesfalls gerecht, wenn man denkt: Sie
macht sich nur selbst wichtig, und wenn man versuchen
würde, ihr das Unmögliche ihrer Rede vor Augen zu halten. Sie spricht über *ihre* Wahrheit. Alles andere wäre in ihrer
Situation eine Abstraktion, die sie nicht verstehen könnte.

Kann der Seelsorger diese Frau in ihrer Situation also ernstnehmen – wozu ihm die Supervisionsgruppe verhilft –, dann
wird er die Patientin mit einer relativen Unbefangenheit wieder besuchen können.

Nach diesem Gespräch wurde die Patientin zunächst entlassen. Aber nach wenigen Wochen lag sie wieder auf derselben
Station. Der Seelsorger hat auf Grund des Gesprächs, das ihn
noch immer beschäftigt, ihren Namen behalten (was in einer
Großklinik mit den vielen wechselnden Patienten durchaus
nicht selbstverständlich ist). Sie freut sich, daß er kommt und
berichtet ihm, daß der Oberarzt gesagt habe: „Ich will noch
einen Versuch machen, eine Chemotherapie." Sie habe ihn
gefragt, was das denn noch bringen könnte. Er habe geantwortet: „Sie haben dadurch eine dreißigprozentige Chance.
Der Rest liegt an Ihnen."

Sie fängt an zu weinen und richtet sich in ihrem Bett auf.
Dann wiederholt sie den letzten Satz des Arztes: „Der Rest
liegt an Ihnen!" Der Seelsorger antwortet darauf: „So etwas
darf nicht gesagt werden. Als ob Sie mit Ihrer moralischen
Kraft die Krebskrankheit bekämpfen könnten!" Er nimmt damit ihre Empörung auf, ohne sich zu fragen, ob denn der
Oberarzt sich wirklich so brutal ausgedrückt hat.

Die Patientin muß sich verstanden gefühlt haben. Denn
nun nimmt das Gespräch einen für den Seelsorger unerwarteten Verlauf. Schluchzend sagt sie: „Warum muß ich schon

sterben? Ich bin doch noch jung. Ich habe noch so viel vor-
gehabt. Warum läßt Gott das zu?!" Das wiederholt sie unzäh-
lige Male, das eine mal wütend, das andere mal verzweifelt.
Der Seelsorger kann gar nicht zu Wort kommen. Beide haben
nur immer wieder Blickkontakt. Und das muß ihr die Gewißheit vermitteln, daß er zuhört und sie versteht.

Die Patientin legt sich zurück und schließt erschöpft die
Augen. Nach einer Weile fragt der Seelsorger: „Wie lange sind
Sie noch hier?" Sie antwortet: „Immer nur einen Tag." Der
Seelsorger verabschiedet sich mit den Worten: „Ich möchte
morgen früh, ehe Sie nach Hause fahren, noch einmal nach
Ihnen schauen. Sonst geht es mir nicht gut", und sie entläßt
ihn mit einem einladenden „Ist recht."

Bei seinem Besuch am anderen Morgen sagt sie ihm, daß
es ihr jetzt etwas besser gehe, auch durch die Beruhigungs-
mittel, die sie bekommen habe. „Aber ich bin doch so froh,
daß ich ihnen das alles einmal habe sagen können."

Auf dem Flur kommt der Ehemann auf den Seelsorger zu.
Er sagt ihm, daß die beiden Gespräche seiner Frau so gut getan hätten. Das hätte er nicht gekonnt.

Der Seelsorger hat seine Chance wahrgenommen. Er hat
eine spezifische Rolle, die ihm das – wenn auch mit großer
Unsicherheit – erlaubte. Aber diese Unsicherheit ist mit seiner Rolle verbunden.

Ein Arzt hat eine andere Rolle. Er stellt die Diagnose, und
um das zu können, muß er zu der Person, die er untersucht,
auf Distanz gehen. Und wenn er den Kranken behandelt,
dann schafft auch das Behandeln ein Stück Distanz.

Die Angehörigen sind in einer derartigen Situation über-
fordert, wie es der Ehemann der Patientin auch offen sagt.
Denn sie wissen, daß sie in Kürze einen geliebten Menschen
verlieren. Das wollen sie nicht – und deshalb unterstützen sie
alles Positive, was in der Umgebung dieses Menschen gesagt
wird, und versuchen, alles Negative, was dieser Kranke auch
selber sagt, zu verscheuchen. Sie fürchten, daß sie ihre Fassung verlieren würden, wenn sie dies Negative zulassen.

Der Seelsorger und die Seelsorgerin sitzen an einem Krankenbett mit leeren Händen. Sie können keine Diagnose stel-

len, keine Spritze geben oder Medikamente verabreichen. Sie können die Schwestern und Pfleger, die etwas für den Patienten *tun* können, beneiden und sind schon froh, wenn sie ihm einmal ein Glas Wasser reichen dürfen.

Aber gerade diese Rolle, in der sie sich sehr hilflos fühlen können, ist für kranke Menschen hilfreich. Es erlaubt ihnen, sich in ihrer Gegenwart mit ihrem Schicksal auseinanderzusetzen. Wenn der Seelsorger und die Seelsorgerin dabeibleiben, können sie sich auf den Weg machen zu *ihrer* Wahrheit. Und diese Wahrheit ist etwas anderes als die ihnen vielleicht mitgeteilte Diagnose.

Seelsorger sind nicht die einzigen, die Menschen auf dem Weg zu ihrer Wahrheit begleiten können. Eine Krankenschwester in einem Hospiz wurde von einer Journalistin gefragt, ob sie denn den Patienten im Krankenbett die Wahrheit sage. Ihre Antwort lautete: „Was heißt ‚Wahrheit‘? Ich mache mich mit den Patienten auf einen Weg.“

Auch der Arzt kann Wegbegleiter des Kranken sein, wenn er weiß, daß seine Diagnose zwar die exakte, aber nicht die existentielle Wahrheit ist.

Seelsorger und Seelsorgerinnen werden zu dieser Begleitung – ohne daß ihnen das immer bewußt zu sein braucht – oft genötigt. Denn das ist ihre spezifische Rolle in derartigen Situationen.

13.

Die Sprache der Sterbenden

Eine Patientin bat die sie besuchende Sozialarbeiterin des Krankenhauses, ihre Geldbörse aus der Nachttischschublade zu nehmen und das Geld darin zu zählen. Auch das Kleingeld mußte summiert werden. Die Patientin war beunruhigt über den geringen Betrag und überlegte, wie sie sich Geld beschaffen könnte. „Aber bis Donnerstag wird es noch reichen", sagte sie. Die Sozialarbeiterin war über dies Gespräch ein wenig verwundert. Denn es gab nichts, wofür die Patientin das Geld hätte ausgeben können. Warum war sie nur so unruhig? – Am Donnerstag verstarb die Patientin.

Auf diese Szene sind zwei Reaktionen möglich. Wir können die Patientin für verwirrt erklären und sagen, daß sie „spinnt". Solche Erklärungen sind in der Regel Zeichen unserer Abwehr auf etwas, was wir nicht verstehen. Oder aber wir fragen uns: Was ist es um unsere Sprache? Was ist überhaupt Sprache? Und warum verstehen wir sie offenbar oft nicht? In diesem Fall möchten wir verstehen.

Im Blick auf eine signifikante Häufung von sprachlichen Eigentümlichkeiten wie der geschilderten bei Menschen in Krisensituationen legt sich uns die letztere Reaktion nahe. Obgleich ich kein Sprachwissenschaftler bin, möchte ich zunächst auf die allgemein gestellte Frage: „Was ist eigentlich Sprache?" eingehen.

Die Äußerung: „Was ist das doch heute wieder für ein trüber Tag!" kann ein dreifaches aussagen. Erstens beschreibt sie eine objektive Tatsache. Das Wetter ist trübe, neblig, der Himmel ist verhangen, es ist kühl und regnerisch. So war es im Wetterbericht des Fernsehens am Vorabend angesagt worden. Sehr häufig wird aber der Sprecher dieses Satzes auch eine „innere Wetterlage" zum Ausdruck bringen. Er fühlt sich triste, deprimiert und hat keinen rechten Schwung für den Tag. Der Satz kann aber noch einen dritten Sinn in sich bergen. Er wird ja zu jemandem gesagt, und der Sprecher möchte gern, daß der Angesprochene auf ihn und seine Stimmung aufmerksam wird. Er möchte, daß dieser einen Augenblick bei ihm bleibt, ihm zuhört und hilft, den Nebel in ihm zu vertreiben. Wenn in einem Krankenhaus über das miese Wetter geklagt wird, dann in der Regel in diesem Sinn.

Sprache hat also eine dreifache Funktion: Vermittlung einer objektiven Tatsache, Ausdruck persönlicher und subjektiver Befindlichkeit und schließlich Appell an den Angeredeten. Diese dreifache Funktion von Sprache hat schon Plato beschrieben. Neuere Sprachwissenschaftler (z. B. Karl Bühler[1]) haben dies Sprachmodell aufgegriffen und davor gewarnt, Sprache lediglich auf die Vermittlung von Sachverhalten zu beschränken.

Damit ist ein in unserer Zeit bedrängendes Kommunikationsproblem angeschnitten. Friedrich Nietzsche hat es so umschrieben: „Überall ist hier die Sprache erkrankt, so daß sie nun gerade das nicht mehr zu leisten vermag, wessentwegen sie allein da ist: um über die einfachsten Lebensnöte die Leidenden miteinander zu verständigen."[2]

---

1 Vgl. Karl Bühler, Die Axiomatik der Sprachwissenschaften (1933), Frankfurt/M. 1969, 116–117; ders., Sprachtheorie (1934), Stuttgart [2]1965. Wichtig sind mir die 5. und 6. Folge des Jahrbuchs: Gestalt und Gedanke, hg. von der Bayerischen Akademie der schönen Künste, München 1959 und 1960 geworden. Sie stehen unter dem Thema „Die Sprache" und „Wort und Wirklichkeit" und umfassen Vorträge u. a. von Martin Buber, Werner Heisenberg, Martin Heidegger, Romano Guardini, Carl Friedrich von Weizsäcker. Eine Auswahl erschien im Juli 1967 im Deutschen Taschenbuch Verlag, München unter dem Titel: Sprache und Wirklichkeit, Essays. So weit ich sehe, sind diese für Predigt und Seelsorge gleichermaßen wichtigen Beiträge von der Theologie nicht aufgenommen worden.
2 Zitiert nach Karl Jaspers, Die Sprache, München 1964, 61.

Unser Problem liegt in der Reduktion der Sprache auf die Sachebene. Das aber bedeutet eine Abstraktion. Wir abstrahieren von der Befindlichkeit unseres Gesprächspartners und unserer selbst. Psychologisch ist der Sinn dieser Abstraktion die Abwehr des „Appells" an uns. Das aber hat eine tiefgreifende Beziehungsstörung zur Folge. Unser Gesprächspartner fühlt sich mißverstanden. Wir haben ihn ja nicht verstehen können. Und so kann er das, was ihn im Augenblick bedrängt, nicht verarbeiten.

Im ärztlichen Bereich spitzt sich dies Problem in der Diagnose zu. Eine an Krebs erkrankte Patientin beklagte sich bei mir bitter darüber, daß die sie behandelnde Ärztin nicht mit ihr spräche. Ich machte die Ärztin auf die Klage der Frau aufmerksam. Die Ärztin war erstaunt. Sie habe doch ganz offen mit der Patientin gesprochen und ihr auch die Diagnose mitgeteilt. Ich ging zu der Patientin zurück. „Ja", sagte sie, „sie hat wohl mit mir gesprochen, aber das ging alles so schnell. Ich konnte gar nicht fragen. Ich konnte das alles gar nicht verarbeiten."

Ganz offensichtlich war das Gespräch zwischen der Ärztin und ihrer Patientin nur auf der Sachebene verlaufen. Auf die Befindlichkeit der Patientin war die Ärztin nicht eingegangen, und den Appell hatte sie „überhört".

Die am meisten gehörte Klage in einem Krankenhaus lautet: „Hier hat niemand Zeit für mich. Ich bin nur eine Nummer, nichts weiter!" Das Problem der Sprache und seiner Reduktion auf die Sachebene liegt für uns darin: Sachlichkeit, Exaktheit, Eindeutigkeit (d. h. das Ausschließen anderer Möglichkeiten), kurz: wissenschaftlich verantworteter Umgang mit der Krankheit geschieht um einen hohen Preis, um den Preis der mitmenschlichen Kommunikation und des Einanderverstehens.

Dabei sind wir dem Mißverständnis verfallen, als sei das Sachliche, das Meßbare und Objektive das Eigentliche, und das Subjektive, die Befindlichkeit etwas Abgeleitetes, Sekundäres, ja etwas Störendes, was sich in unserer Redeweise, das sei ja nur subjektiv (im Sinne von eingebildet), verrät.

Es liegt aber genau umgekehrt. Die Kommunikationswissenschaftler (z.B. Paul Watzlawick[3]) reden von der „digitalen" und der „analogen" Kommunikationsweise. Erstere ist der Sachebene zugeordnet. Sie kann in einen Computer eingespeist werden. Der „analoge" Kommunikationsmodus dagegen ist im tiefsten Sinn „Muttersprache", ist die Sprache der Gefühle und Bilder und äußert sich oft in paraverbalen Verhaltensweisen wie Lachen, Weinen, Stöhnen, oder nonverbalen Gesten (eine wegwerfende Handbewegung). Phylogenetisch und entwicklungspsychologisch ist dieser Kommunikationsmodus primär. Und es ist für das Verstehen überhaupt alles entscheidend, zu beachten, daß der analoge Kommunikationsmodus den Sinn des digitalen bestimmt. Der Satz: „Es regnet." hat einen völlig anderen Sinn, ob er in einem verregneten Sommer in der norddeutschen Tiefebene gesprochen wird – oder in der Sahelzone. Dort reißen sich die Menschen die Kleider vom Leib, tanzen, lassen sich naßregnen und begrüßen den lange ersehnten Regen mit Jauchzen und Singen. Die Befindlichkeit des Menschen bestimmt das Verständnis des Satzes.

Deshalb ist es auch unmöglich, Angst (= Befindlichkeit) mit rationalen Argumenten (= Sachebene) wegzudiskutieren, und seien diese Argumente noch so stichhaltig. Das läßt sich in der Klinik genau so beobachten (man kann die Angst vor der Operation nicht mit dem Hinweis auf die Fähigkeit des Arztes verschwinden lassen) wie in der Politik (etwa in der ständig wiederkehrenden Rentendiskussion). Im Gegenteil: Gespräche dieser Art, die auf zwei unterschiedlichen Ebenen laufen, so daß sich die Gesprächspartner nicht begegnen können, verstärken nur die Angst. Der Patient spürt ja nur zu genau, daß der Arzt oder die Schwester seinem Appell aus eigener Angst auf die Sachebene ausweicht.

Der Mensch in der Krise versucht, sich auszusprechen, und da seine Krise in der Befindlichkeit zum Ausdruck kommt, wird er über seinen Zustand kaum sachlich-objektiv argumen-

---

3 P. Watzlawick u.a., Menschliche Kommunikation. Formen, Störungen, Paradoxien, Bern-Stuttgart-Wien [4]1974.

tierend reden. Diese auf die Sachebene reduzierte Sprache reicht nicht aus für das, was ihn bewegt.

Das aber wird nicht nur für die Mediziner zum Problem, sondern im selben Maß für die Theologen. Nicht zufällig müssen beide Berufsgruppen in ihrem Studium Kenntnisse der lateinischen Sprache nachweisen, die einen für ihre Diagnosen, die anderen für ihre Dogmatik. Für die Auslegung von neutestamentlichen Texten üben sich Theologiestudenten und -studentinnen in Methoden der historisch-kritischen Forschung ein. Auch hier steht die Sachebene im Vordergrund. Daß diese Texte aber auch die Befindlichkeit der Menschen ansprechen, das wird spätestens zum Problem, wenn sie darüber predigen müssen und erfahren, daß ihre Hörer sie nicht verstehen. Und da sie die Sprache der Befindlichkeit nicht gelernt haben, können sie auch ihre Gemeindeglieder nicht verstehen, wenn sie ihnen seelsorgerlich begegnen wollen.

Diese Sprache der Befindlichkeit wollen wir nun näher untersuchen. Aus dem Gesagten können wir schon folgern: Es ist nicht die Sprache abstrakter Begrifflichkeit und logischer Deduktionen, nicht die Sprache, die über Abstraktionen und Eindeutigkeiten sich der Probleme zu bemächtigen sucht, vielmehr ist es die Sprache der Geschichten, der Bilder und Gleichnisse, der Symbole und Metaphern.

Eine Patientin erzählt mitten in einem Gespräch unversehens und ohne Übergang dem sie besuchenden Seelsorger folgende Geschichte: „Früher war mal folgendes passiert. Ich hatte abends eine Tablette genommen, um besser einzuschlafen. Nachts um halb eins klopft es draußen an der Verandatür. Da steht meine Nachbarin mit ihrem Mann und eine andere Nachbarin und ihr Mann, und meine Untermieterin, eine Studienrätin. Fünf Leute! Meine Untermieterin konnte nicht rein, sie hatte den Schlüssel vergessen. Da rief sie an und klingelte auch, aber das hörte ich nicht, wegen der Tablette. Dann rief sie die Nachbarin gegenüber an und die andere Nachbarin, und die weckten mich."

Diese Geschichte fällt der Patientin, 66 Jahre alt und schwer erkrankt, beim Besuch des Seelsorgers unversehens wieder ein. Was soll diese Geschichte? Warum erzählt sie das jetzt? Das fragt sich die Patientin übrigens auch, denn sie fährt mit den Worten fort: „Warum erzähle ich das jetzt?" Und dann fällt ihr eine Erklärung ein. Die Einzelnen hätten keinen Mut gehabt – darum hätten sie die anderen um Hilfe gerufen. Aber das ist ja keine Antwort auf die Frage: Warum erzähle ich das jetzt?

Wir können uns einer Antwort vielleicht nähern, wenn wir gleichsam in diese Geschichte hineinzukriechen versuchen, wenn wir uns mit der Frau identifizieren. Da geschieht ja etwas ganz Unheimliches. Das ist wie ein böser Traum. Menschen möchten zu mir herein. Sie klopfen, sie klingeln, sie rufen. Es ist Nacht. Ich höre sie nicht. Die Menschen müssen ja Angst bekommen. Was ist mit der Frau passiert? Der muß etwas passiert sein! Die Angst, daß da etwas passiert sein muß, die sie nicht aussprechen, ist so groß, daß sie alleine nichts unternehmen wollen. Sie rufen Hilfe herbei.

Ein hochdramatisches Geschehen! Die Frau selber – das ist das Unheimliche daran – merkt davon nichts … mehr, so möchten wir hinzusetzen! Das ist jedenfalls die (unausgesprochene) Angst der Nachbarn und der Untermieterin. –

Damit haben wir wohl den Sinn dieser Geschichte getroffen. Der Frau ist diese Geschichte aus ihrer Vergangenheit eingefallen, mit der sie ihre augenblickliche Befindlichkeit zum Ausdruck bringen kann, eine Befindlichkeit, die sie noch so wenig objektivieren kann, daß sie selber nicht versteht, warum sie diese Geschichte *jetzt* erzählt, und in was für einem Zusammenhang sie mit ihrer augenblicklichen Situation steht.

Sehr häufig haben Geschichten aus der Vergangenheit, die wir von Menschen in vitalen Krisen zu hören bekommen, einen Sinn im Zusammenhang mit ihrer augenblicklichen Befindlichkeit. Bei alten Menschen sind es oft Geschichten von Krieg, Gefangenschaft und Flucht. „Wo ist denn hier die Lagerkapelle – ach ich meine die Krankenhauskapelle?" fragte mich ein alter Mann. Und er erklärte seinen Versprecher damit, daß er sich im Augenblick wieder wie in der Gefangenschaft fühle. Andere erzählen vom Tod längst verstorbener Angehöriger und Verwandter. Es hört sich oft an wie ein mittelalterlicher Totentanz. Unausgesprochen bleibt der Satz: „… und der nächste bin ich." Oder wir bekommen eine solche unheimliche Begebenheit zu hören wie die Geschichte der Frau, die wir eben wiedergegeben haben.

Der Zuhörer und die Zuhörerin sind von derartigen Erzählungen oft irritiert, eben weil sie keinen Sinn darin zu entdecken vermögen. Es ist aber hilfreich, wenn wir uns in solchen Situationen fragen: *Was* sagt der Patient oder die Patientin *über sich selbst* gerade *jetzt*, und warum sagt er oder sie das ausgerechnet mir als Seelsorger oder Seelsorgerin?

Einen Schritt weiter führt das folgende Beispiel, das uns von einer Schwesternschülerin mitgeteilt worden ist.[4]

Sie pflegt eine 84jährige Frau, die an Krebs erkrankt ist. Sie betritt deren Zimmer an einem späten Vormittag, um Temperatur und Puls zu kontrollieren. Bei ihrem Eintreten öffnet die alte Frau ihre Augen. Die Schwester grüßt und teilt ihr mit, weshalb sie gekommen sei. „Ja, tun Sie das", antwortet die Frau, schaut die Schwester an und ergreift ihre Hand. „Schwester, es ist so kalt und dunkel." Die Schwester ist überrascht, denn es ist ein heißer, sonniger Augusttag. „Es ist kalt und dunkel?" fragt sie zurück. „Ja, Schwester, es ist so kalt und dunkel, so kalt und dunkel. Die Kälte steigt in mir hoch, meine Hände und meine Füße hat sie schon erreicht, sie fühlen sich schon ganz kalt an. Und die Dunkelheit – spüren Sie das nicht, Schwester? Es ist so kalt und dunkel, so kalt und dunkel."

Die Schwester fühlt die Hände der alten Frau, die aber ganz warm sind. Und sie fragt: „Haben Sie Angst vor dem Kalten und Dunkeln?" – „Angst?" gibt die Frau zurück, „Warum soll ich Angst haben? Nein, Angst habe ich nicht. Die Mutter ist ja bei mir, die Mutter mit den schwarzen Schuhen. Und sie hat einen schwarzen Mantel an. Nein, wenn die Mutter mit den schwarzen Schuhen da ist, dann brauche ich keine Angst zu haben."

---

4 Dies Gespräch ist auch besprochen in: Ida und Hans-Chr. Piper, Schwestern reden mit Patienten. Ein Arbeitsbuch für Pflegeberufe im Krankenhaus, Göttingen ⁶1993, 113 ff.

Die Schwester wartet noch einen Augenblick ab, ob die Frau weitersprechen möchte. Dann nimmt sie ihre Hantierungen vor, gibt ihr zu trinken und verabschiedet sich.

Als sie einen Tag später wiederum das Zimmer betritt, ist die Patientin gerade aufgewacht. Sie sagt mit glücklichem, fast begeistertem Ausdruck: „Schwester, Schwester, ich habe eben einen so schönen Traum gehabt." Sie greift nach der Hand der Schwester. „Stellen Sie sich vor, ich habe von meiner eigenen Beerdigung geträumt. Ich habe geträumt, ich liege im offenen Grab, und alle meine Angehörigen stehen drum herum, und ich sehe sie alle noch einmal an, meine Kinder, meine Enkel und meine Urenkelin, und sie schauen mich auch an, sie sind alle so gut zu mir, so gut. Ich habe sie so lieb. Ich werde sie nie vergessen. Nie, nie, nie."

Die Schwester drückt ihre Hand. „Das ist wirklich ein schöner Traum." Die alte Frau fährt fort: „Ja, und nun ist die Mutter wieder da. Gerade ist sie eingetreten, die Mutter mit den schwarzen Schuhen. Ganz leise ist sie auf ihren Schuhen hereingekommen. Wie gut sie ist … Die Mutter mit den schwarzen Schuhen ist bei mir …"

Betroffen schweigt die Schwester. Die Frau murmelt noch ein paar mal „Mutter, Mutter" oder „Mutter mit den schwarzen Schuhen". Sie ist dann ruhig und macht einen abwesenden Eindruck. Die Schwester fragt, ob sie noch etwas für sie tun könne. Auf ihre Bitte feuchtet sie ihr den Mund und verabschiedet sich dann, indem sie verspricht, bald wieder nach ihr zu sehen.

Zwei Tage später stirbt die alte Frau.

Wir werden nach diesem Bericht der Schwesternschülerin unsere Bewunderung nicht versagen können. Obgleich sie durch das, was sie von der Patientin zu hören bekam, sehr verunsichert gewesen sei – wie sie berichtete –, und obgleich sie sich ganz im Unklaren war, ob sie richtig und angemessen reagiert habe, fällt auf, wie adäquat sie auf die alte Frau eingeht, wie sie bei ihr ausharrt und Nähe zuläßt – man beachte beispielsweise den mehrfach erwähnten Handkontakt zwischen ihr und der Frau.

Wenn wir uns mit den eindrücklichen Worten der Frau selber befassen, so entdecken wir in der „Sprache der Befindlichkeit" drei Schichten. Zunächst geht es um eine „sensorische" Befindlichkeit. Die Frau empfindet, daß es kalt und dunkel wird. Das hat mit der objektiv meßbaren Temperatur oder mit dem ebenso objektiv meßbaren Helligkeitsgrad im Zimmer nichts zu tun. „Die Kälte steigt *in mir* hoch", sagt die Frau zutreffend.

Es läßt sich leicht ausmalen, was geschehen wäre, wenn die Schwester in ihrer Irritation versucht hätte, der Frau das auszureden, etwa: „Was reden Sie denn da – es ist doch ganz heiß, und die Sonne scheint direkt auf Ihr Bett, und Ihre Hände sind auch ganz warm – wie können Sie nur so etwas sagen!" – der Kontakt wäre mit Sicherheit abgebrochen, und die alte Frau hätte nicht mehr die Möglichkeit gehabt, weiterzusprechen.

Die Schwester ahnt, daß die Frau von etwas Bedrohlichem spricht, und deshalb fragt sie, ob sie Angst habe vor dem Kalten und Dunkeln. Aber der Verlauf des Gesprächs zeigt deutlich, daß es *für die Schwester* bedrohlich ist. *Ihr* macht es Angst, was die Frau da sagt – der alten Frau selber nicht! Sie verneint die Frage nach ihrer Angst mit dem Hinweis auf „die Mutter mit den schwarzen Schuhen", die bei ihr eingetreten ist. Dies ist eine weitere Sprachschicht, auf die wir hier treffen, die wir in Anlehnung an C. G. Jung vielleicht die „archetypische" nennen dürfen. Es geht hier nicht um die eigene Mutter, die ihr in der Sterbestunde erscheint, sondern um „*die* Mutter". Und wir verstehen ohne viele erklärende Worte. Bald wird sie die sterbende Frau mit ihrem schwarzen Umhang umhüllen. Wir verstehen aber auch, wie unheimlich es der Schwester in der unmittelbaren Begegnung mit den Worten dieser Frau gewesen sein muß und bewundern sie ein weiteres Mal, wie sie damit umgeht.

Das gilt nun auch für den Traum, den ihr die alte Frau am nächsten Morgen berichtet. Auch hier ist die Sachebene verlassen, es handelt sich um die Sprache des Traumes, in der sich ihre subjektive Befindlichkeit ausdrückt. In diesem Fall ist diese Sprache – wie unheimlich auch – für die Träumerin wie für die Schwester unmittelbar verständlich.

Freilich ist ein solch offener Umgang mit dieser „Sprache

der Befindlichkeit", wie wir es bei der Schwesternschülerin erleben, nicht allgemein. Ich habe es erlebt, wie dies Gespräch, das ich später einer Gruppe von Seelsorgern vorlegte, Verunsicherung hervorrief, Skepsis, Widerstand und Aggression. Worte wie: Spinnerei und Spiritismus fielen. Es ist aber auch durchaus vorstellbar, daß Schwestern, Ärzte und Angehörige erschrecken, wenn sie so etwas in einem Krankenzimmer hören. Sie sagen dann: Er oder sie ist schon verwirrt und rufen unter Umständen sogar nach einer Beruhigungsspritze! Diese Sprache verunsichert. Sie ist so ganz anders als die Sprache, in der wir uns „normalerweise" unterhalten, ganz anders als die Sprache der Wissenschaft oder unserer Nachrichtensprecher. Es ist eher die Sprache der Kinder, der Dichter und der Mystik.

In der Sprache, in der wir kalkulieren und berechnen, die eindeutig, abstrakt und logisch ist, läßt sich das Unberechenbare und das Zweideutige, das im Grunde Unaussprechliche (weil nie zuvor Erfahrene) nicht aussprechen. Furcht und Hoffnung, Zweifel und Glaube, Ahnung und Ungewißheit: Das Leben in seinen Höhen und Tiefen, in seinem Werden und Vergehen, in seiner Krise – es läßt sich in dieser Sprache nicht aussagen.

Das ist der Grund, warum Sterbende oft einsam sterben müssen. Sie werden nicht verstanden, weil wir die Sprache in ihrer Mehr- und Tiefendimensionalität nicht gelernt haben.

Ich möchte an dieser Stelle noch auf zwei häufig vorkommende Symbole hinweisen, die von Menschen in einer vitalen Krise geäußert werden. Dem einen begegneten wir bereits ganz am Anfang dieses Kapitels. Eine Frau hat Angst, ihr Geld könne nicht mehr lange reichen. Diese Angst finden wir in vielfach abgewandelter Gestalt: Angst vor der Inflation, davor, daß der Aufenthalt im Krankenhaus zu teuer werden würde, daß die Rente nicht weiter ausbezahlt wird, daß Verwandte und Bekannte inzwischen Geld vom Sparbuch abheben, daß der Besitz inzwischen verkauft wird, daß Geld aus der Geldbörse in der Nachttischschublade verschwunden ist usw. In der Regel irritieren solche Reden die ganze Umgebung. Von allen Seiten wird versucht, dem Patienten die Sorgen auszureden – vergeblich. Sie fühlen sich nicht verstanden.

Wir können uns dem Verstehen dieser merkwürdigen Redeweise nähern, wenn wir uns an ein Märchen erinnern, in dem ein Esel Goldstücke fallen läßt, wenn man an seinem Schwanz zieht. Geld und Gold (braungelbe Farbe!) sind anale Symbole. Und wir wissen, daß es für kleine Kinder ein schwieriger Lernprozeß ist, ihr „Gold", ihren Besitz (das, worauf sie sitzen) herzugeben. In dieser Phase wird zugleich Hingabe und Loslassen eingeübt. Jetzt wird verständlich, warum Menschen, die vor der Aufgabe stehen, nicht nur „etwas", sondern sich selbst loszulassen, unbewußt auf dies Symbol zurückgreifen, um ihre Befindlichkeit auszudrücken.

Das andere Symbol, das wir bei Sterbenden ebenso häufig finden, ist das Reisemotiv. Menschen, die über ihren Zustand durchaus aufgeklärt sind, können plötzlich ihre Angehörigen damit überraschen, daß sie eine Reise planen. Dafür lassen sie sich unter Umständen sogar Reiseprospekte kommen, oder sie fordern die Umstehenden auf, den Koffer zu packen und ihnen Schuhe anzuziehen, weil die Abreise unmittelbar bevorstünde.

Regelmäßig geht die Reise weit über das Meer, in den Süden, wo die Sonne immer scheint und sie unter immergrünen Bäumen ausruhen können, oder hoch in den Norden, wo die Natur noch unzerstört ist.[5] Man hofft dort, in ungetrübter Stille, oft gemeinsam mit nahen Angehörigen, einen langen „Urlaub" verbringen zu können. Gelegentlich werden ganz bestimmte Termine für die Abreise genannt. Und die stimmen dann in der Regel mit dem Sterbedatum überein.

Eine sterbende Frau wollte die Seelsorgerin, die sie gerade besuchte, mit auf die Reise nehmen. „Wie gut, daß Sie jetzt kommen", sagte sie. „Es ist höchste Zeit, gleich fährt das Schiff ab, und ich möchte, daß Sie mich begleiten." Sie ergreift die Hand der Seelsorgerin und zieht sie ganz dicht an sich heran. „Kennen Sie Perlmutt?" Die Seelsorgerin nickt.

---

5 In meinen *Gesprächsanalysen*, Göttingen ⁶1994, habe ich ein Gespräch veröffentlicht, in dem beide Motive zugleich vorkommen. Es ist das Gespräch, in dem wir zum ersten Male die „Symbolsprache" entdeckten und motiviert wurden, sie näher zu untersuchen.

„Mögen Sie es auch so gern?" – und als die Seelsorgerin das bejaht: „O wie schön, daß Sie es auch so gern mögen. Wissen Sie auch, daß es ganz knapp wird? Hier ist es gar nicht mehr zu finden, darum möchte ich die weite Reise machen. Ich weiß nicht, ob das Schiff nach Japan oder China fährt, aber das ist auch ganz egal, wenn wir nur das Perlmutt finden."

Die Seelsorgerin verhält sich ganz still und wagt nicht, die Frau zu unterbrechen. Die spricht nach einer Weile weiter: „Ist es nicht schön, wie still und ruhig das Schiff fährt? Es ist ein guter Kapitän, der das Schiff lenkt. Das Wasser ist so blau wie der Himmel ... Ob wir wohl bald ankommen? Es ist doch eine lange Reise. Ich habe so Sehnsucht nach dem Perlmutt ... Ich sehe es, es glänzt – Sehen Sie, wie es glänzt – O da ist es ..." Dann spricht sie den Vers:

> Ach bleib mit deinem Glanze
> bei uns, du wertes Licht,
> dein Wahrheit uns umschanze,
> damit wir irren nicht.

Sie schließt die Augen. Der Mund steht weit offen. Ein Atem ist nicht mehr zu bemerken.

Dies eindrucksvolle Beispiel zeigt schon, daß es nur ein kleiner Schritt ist von der Symbolsprache zur Symbolhandlung. Ein Patient bat den Seelsorger, er möchte ihm seine Armbanduhr abnehmen. Er hatte aber keine Uhr mehr an seinem Handgelenk, und die umstehenden Angehörigen versuchten ihm das beizubringen. Der Seelsorger hatte Mühe, ihnen deutlich zu machen, was der Sterbende mit diesem Wunsch zum Ausdruck bringen wollte: Meine Zeit ist abgelaufen.

Eine Patientin zeigte der Seelsorgerin am Schluß eines langen Gesprächs eine Rose, die auf dem Tisch ihres Zimmers stand. „Sehen Sie, wie schön sie ist! Nur schade, nur schade, daß sie kein frisches Wasser bekommt." Die Seelsorgerin bedeutet ihr, daß sie dies wohl besorgen könne. Mit großer Aufmerksamkeit und Anweisungen, die sie der Seelsorgerin gibt, verfolgt die Patientin diesen Vorgang. Die Seelsorgerin fragte, ob sie ihr die Rose nicht mehr in ihre Nähe auf ihren Nachttisch stellen sollte. Die Patientin bat, sie möchte sie ihr möglichst nahe vor die Augen stellen und sagte: „Sie wissen gar nicht, was das bedeutet, daß Sie das für mich getan haben."

Offenbar hatte diese Handlung für sie einen „tieferen" Sinn, der mit ihrer augenblicklichen Situation zusammenhing.

Martin Buber hat gesagt, „daß nicht die Eindeutigkeit des Wortes, sondern seine Mehrdeutigkeit die lebendige Sprache konstituiert."[6] Das soll zum Schluß noch an einem Beispiel demonstriert werden.

Frau K., 72 Jahre alt, leidet an Leberkrebs. Ihr Wohnort ist B. Sie liegt jetzt in N., zuerst in der Universitätsklinik, dann wurde sie auf eigenen Wunsch in ein kleineres Krankenhaus verlegt, weil sie nicht wollte, daß noch so viel mit ihr gemacht würde. Sie hat einen herzlichen Kontakt zur Krankenhausseelsorgerin. Diese berichtet, daß Frau K. eine gewisse Gelassenheit an den Tag legte, auch wenn sie über ihr Sterben spräche. Sie sagte: „Wir müssen alle mal sterben, und jetzt ist es bei mir so weit." Der Seelsorgerin fiel auf, daß sie die letzten Male den Begriff „Sterben" nicht mehr benutzte. Vermutlich weil dieser Begriff eine Abstraktion ist, von der wir, so lange wir leben, nicht wissen, was es eigentlich ist. So kann sie mit diesem Begriff ihr Erleben nicht mehr verbinden.

Eine Seite des Sterbens hatte sie bislang ausgeblendet, nämlich daß es „kalt und dunkel" ist, und daß sie selber Angst davor hat. Ihre Tochter besucht sie täglich. Ihr Sohn aber wohnt in Berlin und ist in den sechs Wochen ihres Krankenhausaufenthaltes nur einmal dagewesen. Sie nimmt ihn in Schutz, er habe so viel zu tun und habe ja auch eine Familie. Aber sie wartet doch sehr auf ihn und erzählt der Seelsorgerin beim vorletzten Besuch voller Freude, daß er kommen wird.

Der letzte Besuch der Seelsorgerin bei ihr findet an einem Montag statt, an einem warmen Tag im August. Die kranke Frau begrüßt sie gleich ganz aufgeregt: „Nun hören Sie mal!

---

6 Martin Buber, Das Wort, das gesprochen wird, in: Wort und Wirklichkeit, 6. Folge des Jahrbuchs Gestalt und Gedanke, hg. von der Bayerischen Akademie der schönen Künste, München 1960, 22. Auch in: Sprache und Wirklichkeit, Essays, dtv, München 187, 12.

Meine Vermieterin in B. will in meiner Wohnung die elektrische Leitung verplomben lassen! Was soll denn das!? Ich bezahle doch regelmäßig meine Miete!" Auch die Seelsorgerin kann das nicht verstehen. Ob die Vermieterin vielleicht Angst habe, daß jemand in die Wohnung kommt und auf Kosten der Frau Energie verbraucht? „Das ist unmöglich!" sagt die Patientin. Ihre Nachbarin habe einen Schlüssel, die sorge für die Blumen. „Die wird so etwas bestimmt nicht tun!"

Die Seelsorgerin versucht sie zu beruhigen. Ihr Sohn käme ja nächstes Wochenende. Der könne dann ja nach dem Rechten sehen. „Ja, das könnte er", sagt die Frau etwas ruhiger. Aber dann fährt sie – nach einer kleinen Pause – ganz aufgeregt fort: „Aber stellen Sie sich vor, wenn ich nun plötzlich entlassen werde, dann komme ich in eine Wohnung ohne Licht, und die Heizung tuts dann auch nicht! Das kann die doch nicht mit mir machen!" – Die Seelsorgerin bringt wieder ihr Nichtbegreifen zum Ausdruck. Die Frau fährt fort: „Stellen Sie sich vor, ich werde am Freitag entlassen. Dann finde ich doch niemand, der die Verplombung entfernt. Dann sitze ich da, und es ist kalt und dunkel."

In diesem Augenblick wird der Seelsorgerin bewußt, daß es August ist und schönes, warmes Wetter. Und ihr wird plötzlich klar, daß Frau K. über etwas anderes spricht. Und sie sagt: „Frau K., wenn Sie an einem Freitag entlassen werden, dann wissen Sie das schon am Montag vorher. Dann ist noch Zeit genug, daß Sie noch alles in die Wege leiten."

Frau K. ist erleichtert. „Sie haben recht – da kann eigentlich nichts passieren." Es entsteht eine längere Pause, in der sie entspannt daliegt. Aber dann wird sie wieder unruhig und aufgeregt: „Aber meine Kinder, wenn die mal aus meiner Wohnung etwas holen müssen, dann ist es dort kalt und dunkel!" Die Seelsorgerin weist wieder darauf hin, daß sie sich auf ihren Sohn verlassen könne. Er würde bestimmt in ihre Wohnung fahren und der Vermieterin sagen, daß das nicht so ginge. „Ja, das wird er tun", sagt die Frau. Dann ist sie wieder ganz gelassen: „Ich freue mich so, daß er kommt. Das ist gar nicht so leicht für ihn. Es ist eine weite Strecke."

An dem folgenden Freitag ist Frau K. gestorben, kurz nachdem ihr Sohn sie besucht hat.

Das „kalt und dunkel" kennen wir schon aus dem Gespräch mit der Frau, die von der Schwesternschülerin betreut wird. Auch jetzt kann damit nicht die Temperatur und der Helligkeitsgrad gemeint sein. Wenn Frau K. „entlassen" wird, so sagt sie selbst, dann kommt sie in eine Wohnung „ohne Licht, und die Heizung tut's auch nicht ... und es ist kalt und dunkel." Und sie gibt auch einen Termin an, an dem sie „entlassen" wird. Es ist der kommende Freitag. Das kann die Seelsorgerin noch nicht verstehen. Sie spricht davon, daß Frau K. an *einem* Freitag entlassen wird. Wir erinnern uns: Auch die Frau, die sich von der Sozialarbeiterin ihr Geld zählen ließ, sagte genau, wie lange „es" noch reichen wird.

Diese Symbole sind erst im Nachhinein eindeutig zu verstehen. Die Seelsorgerin hätte ebenso wenig wie die Sozialarbeiterin aus den Worten der Patientin das genaue Todesdatum heraushören können. Erst als die Frau an dem von ihr genannten Termin starb, erinnerten sie sich und „verstanden" nun.

Wir haben die Krisensprache in erster Linie bei Sterbenden kennengelernt und deshalb auch in Gesprächen mit Sterbenden aufgezeigt. Hier ist sie besonders deutlich zu machen. Aber die Sehnsucht, in ein Land zu reisen, wo das Leben nicht so teuer ist und die Natur noch unberührt ist, und die Sorge, ob das Geld reichen wird (vor allem, wenn diese Sorge unnötig ist), die Angst vor Kälte und Dunkelheit können Anzeichen für eine Krise sein, die keinesfalls mit dem Tod enden muß.

Wichtig für den Seelsorger und die Seelsorgerin ist, daß sie ihren Gesprächspartnern ihre Sorgen nicht auszureden versuchen, und ihre Sehnsüchte nicht als illusorisch hinstellen.

Bisweilen gelingt es, sich unbefangen auf die Krisensprache einzulassen. Als ich aus einem Urlaub in Norwegen heimgekommen mich wieder auf meiner Krankenstation zurückmeldete, sagte man mir, daß ein mir schon länger bekannter Patient – er war an Leukämie erkrankt – wieder da sei. Ich besuchte ihn und fand ihn in Reiseprospekten blätternd vor. Er erzählte, daß er eine Reise nach Norwegen plante. Und ich sagte ihm, ich käme gerade von dort her, und wie schön es dort sei. Wir kamen ein wenig ins Schwärmen, und er freute sich nun um so mehr auf seine Reise. Wir verabschiedeten uns sehr herzlich.

Erst als ich wieder vor der Tür des Krankenzimmers stand, erschrak ich über das Gespräch und ahnte die Bedeutung der Reiseprospekte auf der Bettdecke des Patienten. In der Tat war es das letzte Gespräch, das ich mit ihm führte. Es hat eine ganze Zeit gedauert, bis ich mich von meinen Schuldgefühlen befreien konnte. Dann aber war ich froh, daß ich ihm so unbefangen – strahlend von dem Land erzählt hatte, in das er aufbrechen wollte – und nun aufgebrochen war.

14.

Ars moriendi im Mittelalter, bei Martin Luther und heute

Im folgenden geht es um eine Literaturgattung, und im Zusammenhang damit um Rituale, die dem Menschen helfen sollten, die enge Pforte des Todes zu durchschreiten, um *rites de passage*, welche vor allem die Kirche bei den großen „Durchgängen", also bei der Geburt mit der Taufe, beim Eintritt ins Erwachsenenalter mit Konfirmation und bei der Eheschließung mit der Trauung und beim Sterben ebenfalls mit eigenen Ritualen begleitete. Diese Rituale sind heute nicht mehr so selbstverständlich wie in früheren Jahren und Jahrhunderten. Auch davon wird die Rede sein müssen.

Im ausgehenden Mittelalter war keine Literaturgattung so verbreitet wie „Die Kunst des heilsamen Sterbens", die *ars moriendi*. Ursprünglich waren diese Schriften eine pastoraltheologische Anweisung für die jungen Priester, wie man Sterbende begleiten und „versehen" müßte. In den großen Pestepidemien jener Zeiten aber konnten die Priester ihrer seelsorgerlichen Verpflichtung, alle ihre Kranken und Sterbenden zu besuchen und zu versehen, nicht mehr nachkommen. So wurden diese Schriften aus dem Lateinischen in die Volkssprachen übersetzt, damit sich auch Laien mit dem Inhalt vertraut machen könnten.[1]

---

1 Zur Ars-moriendi-Literatur vgl. Helmut Appel, Anfechtung und Trost im Spätmittelalter und bei Luther (Schriften des Vereins f. Reformationsgeschichte Jahrg. 56, Heft 1, Nr. 165) Leipzig 1938; Rainer Rudolf, Ars Moriendi. Von der Kunst des heilsamen Lebens und Sterbens, Köln–Graz 1957. Daraus stammen auch die beiden Holz-

Die Ars moriendi umfaßt bestimmte Formelemente, die von einer Ausgabe zur anderen weitergegeben oder auch ergänzt wurden. Dazu gehören Mahnungen, etwa das „memento mori": „Herr, lehre uns bedenken, daß wir sterben müssen"; Gebete und Anweisungen zur Sterbehilfe. Das theologische Herzstück dieser „Sterbekunst" ist die „große Mahnung" des Anselm von Canterbury (1033–1109), aus der ich ein wenig zitieren möchte, weil dieser Text in einem bestimmten Sinn gleich noch eine Rolle spielt. In ihm wird der Mensch vor den Richterstuhl Gottes gestellt. „Wenn dich der Herr will richten", so heißt es da, „so sprich: Herr, ich stelle den Tod unseres Herrn Jesu Christi zwischen mich und dich in deinem Gerichte ... Wenn Er sprechen wird: Du hast die Verdammnis verdient, so sprich du: Ich stelle den Tod Jesu Christi ins Mittel zwischen mich und meine Sünden ... Wenn Er zu dir sprechen wird, er sei über dich erzürnt, so sprich: Herr, den Tod unsers Herrn Jesu Christi stelle ich zwischen mich und deinen Zorn."[2]

Eine ganz wichtige Rolle spielen in dieser Literatur die sogenannten „Anfechtungen": Glaubenszweifel, Gerichtsangst, Ungeduld im Leiden, Hochmut und die Sorge um die weltlichen Güter. Vor allem für Menschen, die des Lesens und Schreibens unkundig waren, gab es eine „Holzschnitt-Sterbekunst" – sie hat die gleiche Bedeutung für das einfache Volk wie die Mosaiken oder die großflächigen Fresken an den Wänden der frühchristlichen und mittelalterlichen Kirchen. Zwei Bilder aus einer solchen „Holzschnitt-Sterbekunst", die in Leipzig im Jahr 1493 erschienen ist, sind in diesem Buch abgebildet.

Auf dem einen Bild ist der Sterbende umgeben von lauter Dämonen und Teufeln, die ihn anklagen. „Siehe deine Sünden!" (Ecce peccata tua) ruft ihm der Dämon rechts im Bild zu. Er trägt in seiner linken Hand eine Tafel, auf der alle Sünden, die der Kranke je getan hat, aufgelistet sind. Ich fand

schnitte der Bilder-Ars deutsch, Leipzig 1493; Ars moriendi. Erwägungen zur Kunst des Sterbens, hg. von Harald Wagner (Quaestiones disputatae 118), Freiburg–Basel–Wien 1989.

2 S. Helmut Appel, a.a.O., 69 f.

den gleichen Holzschnitt, nur seitenverkehrt, da zeigt diese Tafel nur andeutungsweise eine kleine Schrift, die nicht lesbar ist. Da soll dann der Betrachter seine eigenen Sünden hineinlesen. Auf unserer Tafel steht der lapidare Satz: „Alle Gebote des Herrn hast du übertreten!" (omnia praecepta Domini fregisti). Der Teufel, der dem Sterbenden auf der Brust sitzt und ihm Alpdrücken verursacht, hat beide Hände wie zum Schwur erhoben und ruft ihm zu: „Du bist ein Meineidiger!" (periurus es). Am Kopfende steht eine Gestalt, die auf eine vor ihm stehende Frau zeigt und sagt: „Du bist ein Unzüchtiger." (fornicatus es). Und daneben steht seine Frau und schaut ihn traurig an. Am linken Bildrand weist ein schauriges Wesen mit einem Pferdefuß auf einen vor ihm sitzenden Mann mit dem Bettelstab und ruft: „Habsüchtig hast du gelebt!" (auare vixisti). In der Mitte unten hält ein Dämon, dessen Bauch eine Fratze zeigt, ein Schwert hoch erhoben, so daß auch der Kranke es sehen kann. Vor ihm liegt ein Toter mit einer Wunde in der Brust. Und der Dämon ruft ihm zu: „Du hast getötet!" (occidisti).

Auf dem anderen Bild ist der Sterbende umgeben von seinen betenden Angehörigen und von Engeln. Ein Abendmahlstisch ist gedeckt. Der Priester reicht dem Kranken das Brot. Unter dem Bett verkriecht sich der letzte Teufel. Ein Engel schwingt ein Weihrauchgefäß, das den Gestank des Teufels vertreibt. Ein zweiter Engel steht am Kopfende des Bettes und hält seine Flügel schützend über den Kranken. Das erinnert an Paul Gerhardts Strophe aus seinem Abendlied *Nun ruhen alle Wälder*

Breit aus die Flügel beide, o Jesu meine Freude,
und nimm dein Küchlein (= Küken) ein.
Will Satan mich verschlingen, so laß die Engel singen:
Dies Kind soll unverletzet sein. (1647)

Auch Paul Gerhardt steht in der Tradition der alten Ars moriendi.

Was mir an diesen beiden Bildern wichtig ist, ist der Unterschied zu dem eben zitierten Text des Anselm von Canterbury. Während dieser Theologe den Sterbenden vor den

Richterstuhl Gottes stellt, und ihn mit einem zürnenden und anklagenden Gott konfrontiert – sind es hier Dämonen und teuflische Mächte, die dem Menschen Angst machen und ihm Alpträume verursachen. Gott steht dafür ganz auf der Seite des kranken und sterbenden Menschen. Seine Engel vertreiben die bösen Geister, die den Kranken verschlingen möchten. Und das Brot des Lebens hilft ihm, seinen Weg zu gehen. Es ist das entscheidende Ritual für den Sterbenden.

Das bringt mich zu einem Theologen des ausgehenden Mittelalters, der eine „Sterbekunst" verfaßt hat, die eine ungewöhnliche Verbreitung erfahren hat. Im Jahre 1519 erschien eine kleine Schrift *Sermon von der Bereitung zum Sterben*, welche sechs Jahre später in einem Andachtsbüchlein (Betbüchlein) aufgenommen wurde, von dem mehr als fünfzig Ausgaben bekannt geworden sind. Und ich vermute – ich werde meine Vermutung gleich auch begründen –, daß der Autor dieser Schrift die Holzschnitt-Sterbekunst, die in Leipzig 1493 erschien oder eine andere, ähnliche bebilderte Ars moriendi gleichsam aufgeschlagen neben sich liegen hatte, als er seinen Sermon schrieb. Die Rede ist von Martin Luther.[3]

Bevor ich nun auf seine Schrift ausführlicher eingehe, möchte ich einige biographische Ereignisse aus seinem Leben streifen, die zu unserem Thema passen. Sie bringen uns auch jener Zeit etwas näher. Luther hat 1542 bei Tisch erzählt, er habe selber drei Pestepidemien ausgestanden. Er hat selber auch Pestkranke besucht, bei einem Kranken hat er die Pestbeulen befühlt. Das hat ihm – er sagt: Gott lob! – nicht geschadet. Aber er ist nachträglich doch sehr erschrocken,

---

3 Luthers Werke in Auswahl, ed. O. Clemen, Band *I*, 161 ff. Von dem „Betbüchlein" kenne ich zwei Faksimileausgaben: Ein betbüchlin / mit eym Calender und Passional, hübsch zu gericht. Marti. Luther. Wittemberg. M. D. *XXIX* (1529). Diese Ausgabe liegt in der Stadtbibliothek Lindau und wurde 1982 in Kassel nachgedruckt. Das Nachwort stammt von Frieder Schulz. Und: Ein seer gut und nützlichs Bettbüchlein. ym 1527. Jar. Das Original liegt in der Lutherhalle Wittenberg. Es wurde 1983 in Leipzig nachgedruckt und wird von einem Kommentar von Elfriede Starke begleitet.

daß er, als er von einem Pestkranken, den er auch angefaßt hatte, nach Hause kam, seiner Tochter Margarethe mit ungewaschenen Händen „um das Maul" gegriffen hat. Er hatte es einfach vergessen, sich nach dem Besuch die Hände zu waschen! Dies berichtet er im Zusammenhang mit einer Diskussion über die Frage, ob Priester und Pfarrer in Pestzeiten ihre Gemeinde verlassen dürften, um sich in Sicherheit zu bringen. Luther verneint diese Frage, aber er rät dann doch, Priester und Pfarrer nicht zu überlasten. Und vielleicht sei es auch gut, wenn nicht alle Prediger mit Pestkranken in Berührung kämen – wegen der Angst vor Ansteckung bei den Gemeindegliedern.[4]

Der Tod ist auch in Luthers eigener Familie eingebrochen. 1542 stirbt seine Tochter Magdalena mit 14 Jahren. Luther hat sehr um sie getrauert und das auch nicht verborgen.[5]

Ich will damit sagen, daß die Autoren und die Künstler der „Sterbekunst" wußten, wovon sie sprachen und was sie in ihren Holzschnitten zeigten. Tod und Sterben war etwas Alltägliches für sie.

Aber nun zu Luthers *Sermon von der Bereitung zum Sterben.* Zunächst ist's nach Luther notwendig, daß der Mensch sein zeitlich Gut ordentlich bestelle, damit es nach seinem Tod keinen Zank und Streit unter den Erben gibt. Es muß ja auffallen, daß es nach dem Tod eines Vaters oder einer Mutter oft zu endlosen Streitigkeiten unter den Kindern kommt, welche den oder die Tote beerben wollen. Offenbar versuchen wir, uns auf diese Weise durch erstrittene „Zuwendungen" (oft finanzieller Art) schadlos zu halten für den erlittenen Verlust an Zuwendung durch den Tod der Mutter oder des Vaters. Canetti spricht vom „Beutemachen" durch Aneignung von Gegenständen, die dem oder der Toten gehörten, um sich dadurch etwas von der Macht des Vaters oder der Mutter anzueignen.[6] So steht das Ordnen des zeitlichen Guts nicht zufällig an erster Stelle in Luthers Sermon. Das

4 Luthers Werke in Auswahl, ed. O. Clemen, Band *VIII*, Tischrede 5503, 313.
5 Tischrede 5490 und folgende, a.a.O., 310 ff.
6 Elias Canetti, Masse und Macht, Frankfurt/M. 1980, z.B. 275.

Abfassen eines Testaments kann durchaus Züge eines Rituals aufweisen.

Das gilt nun auch von dem „geistlichen Abschiednehmen", indem wir allen Menschen freundlich vergeben, die uns beleidigt haben, so wie wir auch Vergebung erbitten sollen, wo wir Mitmenschen etwas schuldig geblieben sind. Indem wir einander vergeben, lassen wir einander los. Nichts bindet so sehr wie behaltene Schuld und Schuldgefühle. Das kann zu einem solchen Problem werden, daß Menschen „nicht sterben können" wie wir sagen.

Den Vorgang des Sterbens selber vergleicht Luther mit einer Geburt. „Es geht hier zu, gleich wie ein Kind aus der kleinen Wohnung seiner Mutter Leib mit Gefahr und Ängsten geboren wird in diesen weiten Himmel und Erde, also fährt der Mensch durch die enge Pforte des Todes aus diesem Leben in das ewige Leben." Und der Zurüstung für diesen Weg, der eng und deshalb mit Angst verbunden ist, dient das „Sich-allein-zu-Gott-richten", weil der Weg des Sterbens sich auch dorthin richtet. Dem dient die Beichte – die Zehn Gebote zeigen ja (wenigstens ab dem 4. Gebot), daß, wenn ich mich an meinen Mitmenschen versündige, ich mich auch vor Gott schuldig mache. Es fällt an dieser Stelle schon auf, daß Luther jeder Zwanghaftigkeit und Skrupelhaftigkeit abhold ist. Die Beichte soll nur das Wichtigste und das, was zu diesem Zeitpunkt möglich ist, beinhalten.

Dem dient nun auch die Feier des Abendmahls und die „Ölung", wie Luther die „Krankensalbung" nennt. Wo das nicht möglich ist, ist allein schon das „Begehren" tröstlich. Denn „die Sakramente sind nichts anderes als Zeichen, die zum Glauben dienen". Zeichen, die zum Glauben dienen – das ist eine schöne Umschreibung für die Rituale, zumal für die Riten „de passage", an den Stellen also, wo der Lebensweg eng wird.

Über das Abendmahl spricht Luther länger. Es hilft im Kampf gegen drei Bilder der „Anfechtung" – hier spricht Luther also von Bildern. Offensichtlich hat er diese Bilder vor Augen.

Es geht 1. um das „erschreckliche Bild des Todes", 2. „um das gräuliche, mannigfaltige Bild der Sünde", und 3. „um das unträgliche und unvermeidliche Bild der Hölle und ewigen Verdammnis".

Zum 1. Bild: Je tiefer der Tod betrachtet und angesehen wird, desto schwerer und gefährlicher das Sterben ist. Das ist das Werk des Teufels! Im Leben sollte man sich mit des Todes Gedanken üben, wenn er noch fern ist. Aber im Sterben muß man sein Bild aus dem Sinn schlagen und nicht sehen wollen.

Zum 2. Bild: Es ist der böse Geist, der uns alle Dinge verkehrt. Im Leben, wenn wir des Todes, der Sünde und der Hölle Bild vor Augen haben sollen, verschließt er uns die Augen davor. Und im Sterben, wo wir nur das Leben, die Gnade und Seligkeit vor Augen haben sollen, verschließt er uns die Augen davor und ängstet uns mit den Bildern des Todes, der Sünde und der Hölle!

Und ebenso zum 3. Bild: Der böse Geist treibt uns dazu, danach zu fragen, ob man zur Seligkeit bestimmt sei oder nicht. So wird man von der Hölle selbst angefochten.

Was meint nun Luther, wie wir mit diesen Bildern des Todes, der Sünde und der Hölle umgehen sollen? Luther erkennt: Wenn man mit ihnen kämpft und sie vertreiben will, dann werden sie nur um so stärker! Und er rät: „Das ist die Kunst, daß man sie fallen läßt und nicht mit ihnen handelt."

Dies ist eine ungewöhnliche seelsorgerliche und psychologische Einsicht! Wenn wir versuchen, gegen Vorstellungen, die uns ängstigen, gleichsam mit geballten Fäusten anzugehen und sie mit unserem Willen oder auch mit Argumenten zu bekämpfen, machen wir in der Regel die Erfahrung, daß das, wogegen wir ankämpfen, immer mehr Macht über uns bekommt, bis es uns irgendwann fest im Griff hat. Luther sagt seelsorgerlich: „Das ist die Kunst, daß man das, was uns anficht und ängstet, fallen läßt und nicht mit ihnen handelt."

Wie lassen wir unsere Ängste fallen? Wir machen die Erfahrung, daß wir, wenn wir sie jemandem anvertrauen können, danach aufatmen. Wenn meine Angst durch einen anderen Raum bekommt, kann sie aus der Enge („Angst" und „Enge" gehören zusammen) heraustreten. Es gibt eine Stelle in den Psalmenauslegungen Luthers, die zeigt, daß er das weiß.[7] In seinem Sermon *Von der Bereitung zum Sterben* spricht er allerdings nicht davon. Hier steht das Ritual des Abendmahls zentral für die Bewältigung der Angst.

Und wie geht das Fallenlassen der uns ängstigenden Bilder vor sich? „Wie geht das aber zu?" fragt Luther. Er hält dem Sterbenden das Bild Christi vor. „Je tiefer und fester du dir dies Bild ausbildest und ansiehest, je mehr des Todes Bild abfällt und von selbst verschwindet, ohne alles Zerren und Streiten, und hat also dein Herz Frieden."

Paul Gerhardt singt (im 17. Jahrhundert) in einem Passionslied, das er einem mittelalterlichen lateinischen Lied nachgedichtet hat:

Erscheine mir zum Schilde,
zum Trost in meinem Tod,
und laß mich sehn dein Bilde
in deiner Kreuzesnot.
Da will ich nach dir blicken,
da will ich glaubensvoll
dich fest an mein Herz drücken.
Wer so stirbt, der stirbt wohl.

Und es ist wichtig, sich vor Augen zu halten, daß das Kreuz Christi eben nicht nur ein Symbol des Todes ist, sondern zugleich ein Symbol der Auferstehung und des Lebens (viele Symbole haben diese beiden Seiten: eine zerstörerische und

---

7 Luther hat Psalm 118,5 einmal mit den Worten übersetzt: „Ich rief den Herrn an in der Angst, und der Herr erhörte mich in weitem Raum." Und er kommentiert diesen Vers wie folgt: „Angst meint im Hebräischen das Enge, wie auch im Deutschen das Wort Angst von der Enge kommt, in der einem bang und weh wird und man gleichsam geklemmt, gedrückt und gepreßt wird, wie denn die Anfechtungen und das Unglück tun nach dem Sprichwort: da ward mir die weite Welt zu eng! Der Gegensatz dazu lautet im Hebräischen, wie er auch hier sagt: in weitem Raum. Gleichwie Enge oder Angst Trübsal und Not heißt, so heißt weiter Raum Trost und Hilfe … Denn wie die Not unser enger Raum ist, der uns betrübt und klemmt, so ist die Hilfe Gottes unser weiter Raum, der uns frei und fröhlich macht." D. Martin Luthers Psalmen-Auslegung, hg. v. E. Mülhaupt, Band *III*, Göttingen 1965, 355.

eine Leben-spendende). Das Kreuz ist auch der Lebensbaum. Deswegen wird das Kreuz Christi dem Sterbenden auch ganz konkret vor Augen gehalten. Wir erinnern uns: Bei Anselm von Canterbury ging es um den Tod Christi, der *Gott* vor Augen gehalten wird.

„Das sind alles große Dinge", sagt Luther, „wer mag es glauben? Darum soll man wissen, daß solche Werke Gottes größer sind als jemand denken kann, und er wirket sie doch in solchen kleinen Zeichen der Sakramente."

Zu diesen Sakramenten gehört für Luther auch die Ölung. Sie hieß einmal „die letzte Ölung" – heute versucht die katholische Seelsorge, diese Einengung auf das Sterberitual wieder rückgängig zu machen und spricht von der Krankensalbung. Sie wird schon im Neuen Testament (im Jakobusbrief) erwähnt und findet sich neuerdings auch in der evangelischen Krankenagende wieder. Die Stirn des Kranken und seine Hände (ursprünglich auch die Füße) werden mit Öl bestrichen. Ich kenne einen katholischen Krankenhausseelsorger, der mischt unter das Olivenöl kostbares Rosenöl. Er trägt es bei seinen Krankenbesuchen in einem alten venezianischen Glas mit sich. Er ließ mich einmal daran riechen. Und ich erinnerte mich, wie ich in längeren Krankheitszeiten mich selber nicht mehr riechen kann. Und ich fürchtete, daß mich auch meine Besucher, meine Angehörigen nicht mehr riechen können, ja ich zweifelte daran, ob Gott mich wohl noch riechen könnte. Ich habe den katholischen Priester gebeten, mich mit seinem Öl zu salben, wenn ich einmal länger krank sein sollte. Damit ich mich wieder riechen kann, damit auch meine Angehörigen mich wieder gut riechen können, und damit ich vielleicht auch für Gott ein Wohlgeruch bin.

Wir erinnern uns, daß es auf dem einen Holzschnitt schon um den Geruch ging. Um den Geruch des Todes, den der Engel mit seinem Weihrauchfaß vertreibt.

Die Sterbe-Rituale, von denen hier die Rede ist, werden heute nur noch sehr selten verlangt. Das gilt jedenfalls für Menschen, die einer protestantischen Kirche angehören. Viele Krankenhausseelsorger und -seelsorgerinnen berichten, daß das Abendmahl am Sterbebett nur noch selten verlangt wird. Nach meiner Erinnerung wurde ich in den zwei

Jahrzehnten meiner Tätigkeit als Krankenhausseelsorger nur zweimal um das förmliche Abnehmen einer Beichte gebeten.

Und die „letzte Ölung" habe ich einmal einem katholischen Christen gereicht, weil mein katholischer Kollege in dem Augenblick nicht zu erreichen war. In der katholischen Kirche sieht das noch etwas anders aus. Da können wir bisweilen in Todesanzeigen lesen: „Versehen mit den heiligen Tröstungen unserer Kirche."

Dennoch habe ich den Eindruck, daß auch Menschen, die keinen Zugang mehr zu den traditionellen Sterbe-Ritualen der Kirche haben, nicht ohne Rituale sind. Wir hatten gesehen, daß „Unser-Haus-bestellen" rituelle Züge haben kann, ebenso wie das Bilanzieren, das Soll und Haben gegeneinander aufwiegt – das wird niemandem anders als einem Pastor oder einer Pastorin, dem Seelsorger oder der Seelsorgerin gegenüber getan. Somit hat das Bilanzieren etwas von einer Beichte, und der Seelsorger kann dann sagen: „Sie haben mir jetzt das alles erzählt. Mein Glaube ist, daß Gott dabei anwesend war. Würde es Ihnen gut tun, wenn ich Ihnen noch einmal Gottes Vergebung zusprechen würde?" – Er wird dann oft als Reaktion hören: „Das ist jetzt nicht mehr nötig." Der Pastor hatte ihm schon in der Art und Weise seines Zuhörens die Vergebung Gottes vermittelt. Er hatte nichts von dem Richter-Gott an sich, der in unseren Phantasien noch eine große Rolle spielt.

Unser Haus bestellen und die Bilanz meines Lebens ziehen – das ist's wohl, was unsere Sprache tiefgründig „das Zeitliche segnen" nennt.

Mich hat einmal ein sterbender Mann gebeten, ich möchte ihm den Chor der hebräischen Gefangenen aus Verdis Oper „Nabucco" singen. Ich konnte ihm diesen Wunsch nicht erfüllen, denn ich kannte die Oper nicht. Aber ich sagte den Angehörigen, sie sollten ihm doch eine Aufnahme des Chores besorgen und vorspielen. Ich erfuhr dann: Immer, wenn sie das taten, wurde der Sterbende ruhig. Warum er ruhig wurde, verstand ich, als ich den Text des Chores las. Darin heißt es:

Zieht, Gedanken, auf goldenen Flügeln …
um die Ufer des Jordans zu grüßen,
zu den teuren Gestaden zu eilen,
zur verlorenen Heimat, der süßen.
Zieht, Gedanken, lindert der Knechtschaft Qual!
Spende, Trost, süßen Trost im Leide.
Als Verkünd'rin des Ew'gen sage:
Bald ist Juda vom Joch des Tyrannen befreit.

Auch die Vorbereitung einer Reise, wie wir sie im letzten Kapitel beschrieben haben, kann rituelle Züge annehmen. Da läßt sich beispielsweise ein Mann in seinen letzten Tagen den Anzug reinigen und seine Schuhe besohlen.

Viele Menschen wünschen sich am Ende ihres Lebens, gesegnet zu werden. Dies Segnen hat für sie deutlich einen sakramentalen Charakter. So legen wir ihnen die Hand auf den Kopf und sprechen die alten Worte:

„Gott segne dich und behüte dich. Gott lasse sein Angesicht leuchten über dir und sei dir gnädig. Gott erhebe sein Angesicht auf dich und gebe dir Frieden."

15.

Trost zwischen Sym-pathie und Provokation

Das Thema des Trostes und des Tröstens beziehungsweise des Getröstetwerdens ist eng mit meiner Biographie verknüpft. Mein theologisches Denken kreist um den Begriff des Trostes, und rückblickend erkenne ich, wie er sich durch mein Denken und Arbeiten zieht. Deswegen möchte ich, wenn ich den Trostbegriff zu entfalten suche, an diesem roten Faden entlanggehen.

Am Anfang steht eine Zeichnung von Ernst Barlach. Barlachs Freund und Verleger, Reinhard Piper, ein entfernter Verwandter von mir, hat dies Bild unmittelbar nach Kriegsende, wohl als eines der ersten Werke Barlachs, nachdem sie von den Nazis als „entartet" verfemt und eingestampft worden waren, wieder reproduziert. Er schickte uns ein Exemplar auf die Nachricht vom Tode meines Vaters hin. Seit dem Herbst 1945 hing es in unserem Wohnzimmer. Es heißt „Tröstung". Auf der rechten Bildseite hockt mit überkreuzten Beinen ein zerlumpter Mann; er hält sich mit Hilfe von zwei Krücken mühsam aufrecht. Offenbar ist er gelähmt. Sein Gesicht trägt die Züge Barlachs selbst.

Die Mitte des Bildes nimmt eine Gestalt ein, die ohne Zweifel Jesus darstellt. Er kniet vor dem Mann, aber sein Oberkörper bewegt sich auf ihn zu, seine beiden Arme umfassen den Kopf des Gelähmten, er packt ihn bei den Ohren und zieht seinen Kopf zu sich empor. Die starken Striche, welche den rechten Arm um so deutlicher hervortreten lassen, unterstreichen das Aggressive der Bewegung Jesu auf

den Mann zu, der, würde er nicht zugleich festgehalten, nach hinten umkippen würde.

„Tröstung" heißt dies Bild. Und es war mir ärgerlich. Ich stellte mir unter Tröstung etwas anderes vor. Da müßte Jesus den Mann mit seinem weiten Gewand einhüllen, so daß der sich darin bergen und zusammenrollen könnte. Ich habe Barlachs Zeichnung nicht verstehen können. Sie faszinierte mich immer wieder, aber sie war mir zugleich eine ständige Provokation.

Ich studierte Theologie. Und eines meiner wesentlichen Motive war, daß ich wissen wollte, was denn nun eigentlich Trost und Tröstung sei. Aber mit dieser Frage befaßten sich zu meiner Enttäuschung weder die exegetischen Wissenschaften noch die Systematische oder auch die Praktische Theologie. Ich denke, in der ersten Nachkriegszeit – ich begann mein Studium fünf Jahre nach Kriegsende – war es noch zu früh, über Trost und Tröstung zu sprechen. Zu ungetröstet waren wir alle.[1]

In meinem dritten Semester bot der Kirchengeschichtler Hermann Dörries in Göttingen ein Seminar unter dem Titel *Seelsorge in der Alten Kirche* an. Wir waren ein kleiner Kreis, kaum zehn Studenten. Es ist das Seminar, das mir aus meinem Studium am eindrücklichsten haften geblieben ist. Wir lasen die *Apophtegmata* der Wüstenväter, kurze seelsorgerliche Sätze, welche die Mönche den Menschen mit auf den Weg gaben, die sie aufsuchten und um Rat und Trost baten. Als ich Hermann Dörries von meiner Suche nach dem christlichen Trostbegriff erzählte, gab er mir als Thema für eine Seminararbeit: „Die Trostbriefe Basilius des Großen".[2] Ich las die Briefe, die der Bischof (gest. 379) an Angehörige von Ver-

---

1 Es hat lange gedauert, bis die Theologie sich des Trost-Themas wieder angenommen hat. Vgl. dazu die bei Klaus Winkler in Bethel geschriebene Doktorarbeit von Ch. Schneider-Harpprecht, Trost in der Seelsorge, Stuttgart 1989.

2 Zu den „Wüstenvätern" und zu Basilius dem Großen vgl. jetzt die Abschnitte von Manfred Seitz und Wolfgang A. Bienert in: Christian Möller (Hg.), Geschichte der Seelsorge in Einzelporträts, Bd. 1, Göttingen 1994, 81 ff. und 133 ff.

storbenen, aber auch an Gemeinden gerichtet hat, die um ihren Priester trauerten. Texte, die durch ihre Rhetorik beeindrucken. Sie atmen aber auch den Geist antiker Trostschriften (Consolationen) – wie stark sie von stoischer Philosophie beeinflußt sind, habe ich erst später erkannt, als ich mich mit dem Trost der Philosophie beschäftigte. Damals interessierten mich diese Zusammenhänge noch nicht – ich suchte Gedanken, die mich trösten konnten. Ich schloß meine Seminararbeit mit dem Zitat des Basilius ab: „Ich weiß gar nicht, ob dieses Wort ausreicht zum Trost ..." und dem konnte ich innerlich nur zustimmen. Hermann Dörries wollte mich ermutigen, in der eingeschlagenen Richtung weiterzusuchen. Aber ich war enttäuscht und verfolgte diesen Weg nicht weiter.

Die nächste intensive Auseinandersetzung mit dem Trost-Thema ergab sich durch das Thema meiner Examensarbeit zum ersten theologischen Examen. Es lautete: „Die Gottesfrage bei Hiob und dem ‚Prediger Salomo'", und war mir von Walter Zimmerli gegeben worden. Ich erinnere mich, daß ich diese Arbeit wie in einem Rausch schrieb. Ich las Hiob! Ich vermute heute, daß die große Erregung, in der ich mich erlebte, von der unerhörten Aggression des Hiob Gott gegenüber herrührte. Das war also möglich, sich so mit seinem „Vater" auseinanderzusetzen!

Erst Jahre später lernte ich die eindringliche Hiob-Interpretation von Martin Buber kennen.[3] Folgende Sätze daraus haben sich mir tief eingeprägt: „Die unbedingte Macht ist um der menschlichen Person willen zur Person geworden. Dem Leidenden, der in der Tiefe seiner Verzweiflung mit widerspenstiger Klage sich an Gott hält, reicht sich Gott zur Erwiderung dar." An den Rand dieses Textes schrieb ich „Christus!" In dieser Richtung wollte ich weitersuchen.

In meinem Amsterdamer Studienjahr (1954/55) wandte ich mich an den Neutestamentler J. N. Sevenster. Der riet mir, den Trostbegriff bei Paulus und bei Seneca zu untersu-

---

3 Martin Buber, Der Glaube der Propheten, Zürich 1950, 270 ff., hier 279.

chen.[4] Das nahm ich mir in meiner Predigerseminarzeit vor. Für Seneca ist der Schmerz nur eine Einbildung. „Opinio est ergo quae nos cruciat" – eine Einbildung ist's also, was uns ‚kreuzigt'. Nur Frauen, Sklaven und Kindern gesteht Seneca das Weinen zu.

Für die Christen bedeutete es offenbar eine Verlegenheit, daß sie Consolationen – eine in der Antike weitverbreitete Literaturgattung – besaßen. So stellten sie dann eine Beziehung und enge Verwandtschaft zwischen Paulus und Seneca her – sie waren ja Zeitgenossen und waren vermutlich zur gleichen Zeit in Rom. Es gibt einen fingierten Briefwechsel zwischen dem Philosophen und dem Theologen. Auf diese Weise hielt der Trost stoischer Philosophie Einzug in die christliche Literatur – siehe beispielsweise die Briefe des Bischofs Basilius. Dieser Einfluß ist in der christlichen Trostliteratur – den sogenannten „Alten Tröstern" bis Anfang dieses Jahrhunderts unschwer nachzuweisen.

Daneben bleiben die theologischen Aussagen, die etwa aus der Theologie des Paulus für dies Thema gewonnen werden, vergleichsweise karg. Ich zweifelte, ob ich in meiner Seelsorge trauernde Menschen mit dem Hinweis auf die einschlägigen paulinischen Texte – im Philipperbrief, im 1. Thessalonicheroder im 2. Korintherbrief – würde trösten können. Ich selber blieb ungetröstet.

In den ersten Jahren meines Pfarrerdaseins nahm ich Kontakt zu Martin Doerne auf. Der wies mich auf den noch ungehobenen Schatz der Kreuz- und Trostlieder des lutherischen Gesangbuchs hin. Das hatte übrigens zuvor schon Ernst Käsemann in einem Gespräch über den christlichen Trostbegriff getan. Also setzte ich mich an die Arbeit, diese Lieder zu sammeln – ich schrieb etwa fünfhundert Lieder aus alten Gesangbüchern ab – und auszuwerten. Ich entdeckte, daß unsere Kreuz- und Trostlieder ihre Wurzel ursprünglich in den Liedern „Von der christlichen Kirche" haben, während die „individuellen" Trostgesänge (etwa eines Paul Gerhardt)

---

4 Seneca, Vom glückseligen Leben. Eine Auswahl aus seinen Schriften, hg. v. Heinrich Schmidt, (Kröners Taschenausgabe Band 5), Stuttgart 1953, 87 ff. und 122 ff.

ins 17. Jahrhundert gehören[5] – der frühe Karl Barth und die Dialektische Theologie haben ihren Individualismus als Abkehr und Abfall von dem reformatorischen Trostverständnis gebrandmarkt. Und auch ich konnte mich von diesem theologischen Vorurteil noch nicht ganz lösen. Vor allem folgte ich der vorgegebenen Methode, die Liedtexte nach dogmatischen Gesichtspunkten zu beurteilen und zu werten. Erst später ging mir auf, daß ich einen ganz entscheidenden Aspekt des Kirchenlieds völlig außer acht gelassen hatte, nämlich den, daß ein Lied ja *gesungen* werden will, daß es auch nur singenderweise ganz verstanden werden kann. Auch hier gilt die in der Kommunikationswissenschaft gängige Unterscheidung von „digitaler" und „analoger" Kommunikation, wobei die Beschränkung auf den „digitalen" Aspekt, also auf den reinen Wortlaut, ein Verstehen im umfassenden Sinn verhindert.

Ich erinnere mich, daß mir jahrelang eine ganz einfache Melodie im Kopf, nein: im Herzen umging. Sie hatte etwas sehr Tröstliches für mich. Ich wußte aber nicht, woher ich sie kannte noch wie der dazugehörige Text lautete. Durch einen Zufall stieß ich dann irgendwann auf den Text, und da wußte ich, daß dies Lied mir in früher Kindheit meine Mutter am Bett gesungen hatte. Eine wichtige Erfahrung: Nicht der Text, sondern das Singen (meiner Mutter) erreichte eine Schicht in meiner Seele, in der ich Trost empfand.

Ich las Luthers Trostbriefe.[6] Eine Formulierung daraus blieb mir haften. Luther spricht einmal von der „getrosten Verzweiflung". Diese beiden Worte begleiten mich bis heute.

Die orthodoxen Dogmatiker vermochten nicht, den Trostbegriff adäquat zu entfalten. Sie blieben weithin in rationalen

---

5 Vgl. meinen Aufsatz: Die Rubrik der Kreuz- und Trostlieder im deutschen ev.-luth. Gesangbuch von der Reformation bis zum frühen 18. Jahrhundert, in: Jahrbuch f. Liturgik u. Hymnologie 11, Kassel 1967, 137 ff., und meine Liedinterpretationen in: Handbuch zum Ev. Kirchengesangbuch, *III*.2, Göttingen 1990, 258 ff.

6 Vgl. Martin Luthers Trostschriften, hg. v. Johannes Delius, Gotha 1884, und: Vom wahren Herzenstrost. Martin Luthers Trostbriefe, ausgewählt und eingeführt v. Paul Scheurlen, Stuttgart 1930, hier 38.

Argumentationen stecken. Hatte Philipp Melanchthon in seiner Dogmatik (Loci praecipui theologici, 1559)[7] noch einen Abschnitt mit der Überschrift: „Über Leid und Kreuz und über den wahren Trost" (De calamitatibus et de cruce et de veris consolationibus) eingefügt, in dem er sich ausführlich mit der philosophischen Trost-Tradition auseinandersetzt, so folgten ihm darin nur noch vereinzelte Dogmatiker. Der Abschnitt *Von Kreuz und Trost* verschwand aus den dogmatischen Lehrbüchern – bis in unsere Zeit! Das Feld des Trostes wurde den Erbauungsschriftstellern überlassen, den „Alten Tröstern".[8] Das Ziel der Erbauungsschriftsteller (allen voran Johann Gerhard und Johann Arndt) wird an einer Kapitelüberschrift aus Johann Gerhards *Schola Pietatis* 1622 ersichtlich: „Wie die Betrachtung deß vielfältigen Trübsals und Creutzes, deme wir in diesem Leben unterworffen, uns zur wahren Gottseligkeit ermahnen soll."

Quellen dieses Schrifttums sind neben der Mystik ebenfalls stoische Traditionen. Es ist viel von „Trostgründen" die Rede; es werden verschiedene „Nützlichkeiten" (utilitates) des Kreuzes aufgezählt, und es werden dem frommen Betrachter Menschen vor Augen gestellt, die mit größerem Leid besser fertiggeworden sind als er selber – auch dies übrigens schon ein beliebter Trost-Topos aus der Antike. Diese Literaturgattung bildete die Brücke zu den Kreuz- und Trostliedern im Gesangbuch – das Trostbuch schlechthin für das einfache Gemeindeglied.

An der Traditionsgeschichte des Gesangbuchlieds *Endlich bricht der heiße Tiegel* läßt sich ein mit dieser Literaturgattung vielfältig verknüpftes Problem sichtbar machen.[9] Dies

---

7 Melanchthons Werke in Auswahl, *II.* Band, 2. Teil (hg. v. Hans Engelland), Gütersloh 1953, 622 ff.

8 Vgl. Constantin Große, Die Alten Tröster. Ein Wegweiser in die Erbauungsliteratur der evang.-luth. Kirche des 16.–18. Jahrhunderts, Hermannsburg 1900.

9 Vgl. meinen Aufsatz: Vom Sinn des Leidens. Theologische Erwägungen an Hand eines Kirchenlieds, in: Wissenschaft und Praxis 56, 1967, 501 ff. Das Lied steht im Evangelischen Kirchengesangbuch (1950) unter Nr. 305. Im Evangelischen Gesangbuch (1993) ist es nicht mit aufgenommen.

Lied wurde ursprünglich auf den Tod eines Mannes gedichtet und beschreibt dessen *Erfahrungen* mit seinem Leid. Es wurde dann aber umgeschrieben und verallgemeinert, damit alle Christen es singen konnten. Das bedeutet: Aus der Erfahrung eines Einzelnen, die nicht unbedingt auch die anderer Leidender ist, wurde eine allgemeine Weisheit, in der der Weg der Erfahrung bereits seinen Abschluß erreicht hat. Das Problem, Menschen damit zu trösten, die noch auf dem Wege sind und vielleicht ganz andere Erfahrungen machen, liegt auf der Hand.

In der Klinischen Seelsorgeausbildung (1968) habe ich gelernt, meine eigenen Erfahrungen und die Erfahrungen anderer Menschen wahr- und ernstzunehmen. Und ich versuche, Erfahrung mit meinem Glauben und mit meiner Theologie zu verbinden.

Kurz nach meiner eigenen Seelsorgeausbildung machte ich eine Schlüsselerfahrung. Eine meiner Konfirmandinnen starb ganz plötzlich nach einer harmlosen Operation an einem unerklärlichen Herzversagen. Sie sollte den Hof erben, den sich die Flüchtlingsfamilie nach dem Krieg wieder aufgebaut hatte. Ich besuchte die Eltern. Der Vater ging hinaus und suchte sich eine Beschäftigung. Ich saß allein mit der Mutter in der Küche. Niemand von uns sprach ein Wort. Die Frau war in ihrem Schmerz erstarrt. Ich selber war in meiner Ohnmacht verzweifelt. Wortlos habe ich das Haus nach einiger Zeit wieder verlassen. Als ich etwa ein Jahr danach die Gemeinde verließ, erhielt ich einen Brief von der Mutter der verstorbenen Konfirmandin. Darin bedankte sie sich für meinen Besuch nach dem Tode ihrer Tochter. Sie schrieb, daß dieser Besuch sie sehr getröstet habe.

Es ist ein langer Weg gewesen, bis ich erkannte und dieser Erkenntnis zu vertrauen gelernt habe, daß Trost weniger ein *Lehr*begriff als vielmehr ein *Beziehungs*begriff (wie Liebe, Treue) ist.

Wichtig wurde mir dabei die Begegnung mit einer Psychoanalytikerin, mit Marielene Leist.[10] Sie hat – früher als die

---

10 Marielene Leist, Über das Trösten, in: Theologie der Gegenwart 23, 1980, Heft 3, 78 ff., hier 81.

Pastoraltheologen und -psychologen – dem Beziehungs-aspekt des Trostes ihre Aufmerksamkeit geschenkt und ein-drücklich beschrieben: „Wie geschieht Tröstung? Sie scheint immer in den Formen vor sich zu gehen, die schon im Um-gang mit einem kleinen Kind gebräuchlich sind: durch Nähe, das heißt durch körperliche Nähe und Wärme, und durch liebevollen Zuspruch. Nähe, das kann einfach Anwe-senheit sein; so wie die Mutter die Nacht am Bett ihres kranken Kindes verbringt …" Natürlich gehört für sie auch dazu, daß dann nach einer Phase der Sprachlosigkeit auch gesprochen wird, daß Trauer und Trost verbalisiert werden und das Unfaßliche in Worte gefaßt wird, daß auf diese Weise das „symbiotische Stadium" verlassen und die Reali-tät gefunden und akzeptiert wird. „Alles Trösten, das auf diese innere Gesetzmäßigkeit nicht achtet, wird zur Ver-gewaltigung, zum Scheintrost, zur Infantilisierung und zur Entmündigung."

Nach dem Tod meiner Mutter habe ich Barlachs „Trö-stung" wieder in Händen gehalten und auf mich wirken las-sen. Über vierzig Jahre sind vergangen, seit ich mich zum ersten Male mit diesem Bild auseinanderzusetzen versucht habe. Jetzt verstand ich es besser. Ich entdeckte etwas neu: Die Augenlider des gelähmten Mannes sind tief herunterge-zogen, das Auge ist nur einen Spalt weit geöffnet. Jesus beugt den Kopf des Mannes so weit zurück, daß der Mann trotz seiner fast geschlossenen Augen ihn ansehen *muß*. Jesus sel-ber schaut ihn mit einer Intensität sondergleichen an: seine ganze Körperhaltung ist ganz und gar auf den vor ihm hok-kenden Mann bezogen. Jesus nimmt den Mann in seiner gan-zen Erbärmlichkeit wahr, und er zwingt ihn, indem er ihn bei seinen Ohren packt und das Gesicht zu sich emporhebt, Blickkontakt aufzunehmen. Jesus sagt: sieh mich an! Und er läßt es nicht zu, daß der Mann wieder vornüber in sich zu-sammenfällt. *Das ist eine Provokation!*

In der Haltung Jesu ist beides zugleich: Er nimmt Bezie-hung zu einem Menschen auf, der keinen Kontakt zu seiner Umwelt mehr hat. Er nimmt ihn wahr von seinen verwahr-losten Haaren bis zu seinen verkrüppelten Füßen. Aus seinen Zügen spricht tiefes Erbarmen. Zugleich aber ruft er ihn aus seiner Verschlossenheit heraus, er provoziert ihn, er zwingt ihn, seinem Blick zu begegnen und ihn wahrzunehmen.

Ich verstehe: Trost ist mitfühlende und einfühlende Zuwendung, ist Sympathie – und zugleich ein den anderen aus seiner Verschlossenheit Herausrufen, ist Provokation. Das griechische Wort für trösten: parakaleo, birgt ebenfalls beides in sich: es meint tröstendes Zusprechen wie herausfordern, pro-vozieren.

Zwischen meiner ersten Begegnung mit der „Tröstung" von Ernst Barlach und dieser neuen Begegnung, in der ich das Bild verstanden zu haben glaube und in der ich seine Herausforderung akzeptieren kann, liegen rund vierzig Jahre. Das macht mich nachdenklich. Währte nicht auch die Wüstenwanderung des Volkes Israel vierzig Jahre? Welch langer Weg von dem Bedürfnis nach dem mütterlichen Trost („Freuet euch mit Jerusalem ... alle, die ihr über sie traurig gewesen seid! Denn dafür sollt ihr saugen und satt werden von den Brüsten ihres Trostes ... Ich will euch trösten, wie einen seine Mutter tröstet." Jes 66, 11 ff.), nach Regression und Symbiose – ein Bedürfnis, das notwendigerweise ungestillt bleiben mußte – bis hin zu dem Akzeptieren des Trostes, den ich den geschwisterlichen nennen möchte, wo ich meine Augen wieder aufhebe und den anderen als ein Gegenüber erkenne, der sich nicht mit meinem Schmerz verschmelzen läßt, der ihn aber wahrnimmt und mir eine Beziehung anbietet, in der er der Andere bleibt und ich mit meinem Geschick Ich bleiben muß und darf – Herausforderung und Zuwendung zugleich. Ich erfahre meine Begrenzung, aber nur so kann ich mich auf (neue) Beziehungen einlassen.

Für meine Seelsorge bedeutet das, daß ich beide Aspekte des Trostes wahrnehme. Ich erkenne das Bedürfnis nach dem mütterlichen Trost, wenn der andere in sich zusammensinkt und darauf wartet, daß ich meinen Arm um ihn lege und bei ihm ausharre. Ich begegne meiner Angst, daß ich in den Abgrund seines Leids mit hineingezogen werde. Aber dann mache ich auch wieder auf mich aufmerksam, ich bringe mich ein und sorge dafür, daß er mich wahrnimmt. Gelegentlich hebe ich seinen Kopf zu mir empor, so daß er gezwungen wird, Blickkontakt mit mir aufzunehmen. Und ich riskiere, daß er davon irritiert ist. Er fühlt sich provoziert.

In dieser Spannung zwischen Mit-leiden und Provozieren versuche ich, tröstlich für den anderen dazusein. Und ich rechne damit, daß es ein langer Weg wird, den ich da mitgehen muß.

16.

Ist Seelsorge erlernbar?

Als Levi Jizchak von seiner ersten Fahrt zu Rabbi Schmelke von Nikolsburg, die er gegen den Willen seines Schwiegervaters unternommen hatte, zu diesem heimkehrte, herrschte er ihn an: ‚Nun, was hast du schon bei ihm erlernt?!' ‚Ich habe erlernt', antwortete Levi Jizchak, ‚daß es einen Schöpfer der Welt gibt.' Der Alte rief einen Diener herbei und fragte den: ‚Ist es dir bekannt, daß es einen Schöpfer der Welt gibt?' ‚Ja', sagte der Diener. ‚Freilich', rief Levi Jizchak, ‚alle sagen es, aber erlernen sie es auch?'"

Diese kleine Geschichte, die Martin Buber erzählt[1], unterscheidet das Erlernen von einem Bekanntsein, das sich leicht sagen läßt. Dies Bekanntsein ist im Kopf gespeichert. Wenn einem etwas bekannt wird, dann riskiert man nichts. Man kann es auch vergessen. Bekannt sind allgemeine Tatsachen, („alle sagen es"), die einen auch kalt lassen können.

Das „Erlernen" dagegen umfaßt die ganze Person. Was man erlernt, verändert den Menschen, denn Erlernen hat mit Erfahren zu tun. Wir müssen uns dabei auf eine Reise machen, wenn nicht äußerlich, dann wenigstens innerlich. Eine solche „Hinreise ist ein altes Bild für die Erfahrungen der Seele auf dem Weg zu sich selbst"[2]. Aber auch die äußerliche Reise kann eine Hilfe für das Erlernen sein. Wir lösen uns dabei für eine Zeitlang von unserer vertrauten

---

1 Martin Buber, Die Erzählungen zur Chassidim, Zürich 1949, 331 f.
2 Dorothee Sölle, Die Hinreise. Zur religiösen Erfahrung. Texte und Überlegungen, Stuttgart 1975, hier 1.

Umgebung und Arbeitswelt. Wir kommen mit anderen Menschen zusammen und arbeiten in einer uns bis dahin noch wenig vertrauten Welt und verlernen dabei sehr rasch die Kommunikationsstrategien, mit deren Hilfe wir uns zu handhaben versuchten. Ich spreche von den langfristigen Kursen der Klinischen Seelsorgeausbildung, die in Krankenhäusern oder in psychiatrischen Kliniken stattfinden. Derartige Reisen und „Hinreisen" sind durchaus mit Risiken verbunden. Wir müssen dabei mit Widerständen von Menschen rechnen, mit denen wir in der alten, vertrauten Umgebung zusammenleben. Was wir auf unseren Reisen erlernen, wird durchaus nicht immer honoriert. Unter Umständen ernten wir dafür Hohn und Spott, wie es Levi Jizchak wiederfuhr.

Ist Seelsorge erlernbar? Zunächst müssen wir sagen, wie sie nicht erlernbar ist, nämlich durch Bücher, die wir zur Kenntnis nehmen können, zumal, wenn diese Bücher die Seelsorge zu definieren versuchen und verbindliche Regeln aufstellen, wie Seelsorge auszusehen habe.

Wenn es – wie wir im 2. Kapitel sahen – zum Wesensmerkmal der Seele gehört, daß sie sich jeder Eingrenzung, jeder Definition entzieht, dann können wir auch Seelsorge nicht definieren. Hinzu kommt, daß wir auch nicht definitiv bestimmen können, was Kommunikation ist – und Seelsorge vollzieht sich ja ausschließlich in, mit und unter Kommunikation. Uns „fehlt eine auch nur annähernde Bewußtheit von Regeln, die in normaler Kommunikation befolgt, in gestörter Kommunikation dagegen durchbrochen werden. Wir sind wie eingesponnen in Kommunikation [...]"[3].

Vermutlich hängen die Versuche, Seelsorge zum Sonderfall der Predigt zu erklären oder sie auf Beichte und Vergebung zu reduzieren, mit der Ahnung zusammen, daß Seelsorge und Kommunikation unverfügbar sind und sich keinen Re-

---

3 P. Watzlawick u.a., Menschliche Kommunikation, Formen, Störungen, Paradoxien, Bern–Stuttgart–Wien [4]1974, 37.

geln beugen. Damit soll Seelsorge dann eindeutig definiert und somit verfügbar gemacht werden.

Fragen wir also nicht nach einer Definition, über die wir als etwas Bekanntes reden könnten, sondern stellen wir unsere Frage so: Wie geschieht das Erlernen von Seelsorge?

Wie hat Levi Jizchak erlernt, daß Gott der Schöpfer der Welt ist? Er hat zweifellos ein großes Interesse an Gott gehabt und täglich mit ihm gesprochen. Und er muß ein ebenso großes Interesse an der Schöpfung gehabt haben. Er hat sie sich auf seinem Fußweg zu Rabbi Schmelke von Nikolsburg und erst recht auf seinem Rückweg sehr gut angeschaut. Dabei ist ihm gewiß auch nicht das Dunkle und Grausame, das sich auch in der Schöpfung befindet, verborgen geblieben: Mißernten und Feuersbrünste nach Gewittern und verkrüppelte Menschen am Wegesrand.

So muß sich auch, wer Seelsorge „üben" will, einüben in das Gespräch mit Gott. Das ist einem Theologen und einer Theologin für gewöhnlich nicht fremd. Aber sie müssen auch ein Interesse für die Menschen haben, mit denen sie leben. Und dies Interesse muß bei vielen, die sich mit Theologie beschäftigt haben, erst geweckt werden. Die Neugier für Menschen ist eine Voraussetzung für das Üben von Seelsorge. Nach jedem seelsorgerlichen Gespräch lohnt es sich zu fragen: Was lerne ich von und an diesem Menschen? Und was lerne ich in diesem Kontakt zu Gott?

Seelsorge kann ich also nicht alleine für mich selber lernen. Ich lerne sie „by doing it", übenderweise. Dazu gehören Menschen, die meine Seelsorge wünschen. Und dazu gehört auch die Reflexion über mein Tun und Lassen in der Seelsorge. Auch diese Reflexion kann ich kaum alleine leisten. Ich brauche dafür einen qualifizierten Mentor bzw. eine Mentorin (Supervisor/Supervisorin), mit denen ich meine Kontakte besprechen kann. Besonders hilfreich ist auch das Gespräch in einer Gruppe von Kollegen und Kolleginnen unter fachkundiger Leitung. Sie können mir helfen, mich selber in dem Kontakt und meinen Gesprächspartner besser zu verstehen.

Hier nun stoßen wir in der Regel auf eine große Blockade für das Erlernen. Sie hängt mit dem Umstand zusammen, daß wir alles, was wir tun und lassen, vor allem dann, wenn andere es sehen können, in die Kategorien „gut" oder „schlecht" einstufen. Das gilt erst recht, wenn wir genötigt werden, es einem anderen oder mehreren vorzulegen und aufzudecken, damit sie etwas dazu sagen. Sicher hängt das mit unserer Erziehung zusammen, vor allem mit dem mit einem Zensurensystem verbundenen Lernmodell unserer Schulen und Universitäten. Auch wenn die Mentorin oder der Mentor uns zu Beginn der Supervision ausdrücklich darauf hinweisen, daß „gut" und „schlecht" keine Kategorien für das Erlernen von Seelsorge sind – unsere Ängste vor einem negativen Urteil (das dann zu einer Verurteilung über uns überhaupt zu werden droht) wird erst dann weichen, wenn wir neue Erfahrungen gemacht haben und erleben, welch eine Befreiung ein Lernen ohne diese Ängste ist.

Aber es geht hier nicht nur um ein pädagogisch-didaktisches Problem. In der Kommunikation wie auch in der Seelsorge versagen die Begriffe „gut" und „schlecht". Sie verhindern deshalb ein Erlernen dessen, was wir lernen möchten. Unser Interesse geht also fehl, wenn es sich an der Frage orientiert: Was ist eine bessere und was ist eine schlechtere Seelsorge? Wir müßten dann ja einen eindeutigen Maßstab dafür haben, was Seelsorge sei. Und es müßte für Seelsorger und Seelsorgerinnen einen Zustand geben, wo sie sagen könnten: Wir wissen es jetzt! Wir haben ausgelernt! Wir wissen, nach welchen festen Regeln sie geschieht bzw. nicht geschieht.

Für jeden, der praktisch Seelsorge übt, ist dieser Zustand nicht möglich. Es gibt immer wieder Überraschungen, die einen ratlos machen und die zum Lernen motivieren. Für die Seelsorge wie für die Kommunikation gilt, daß das Erlernen kein Ende hat. Wir haben nie ausgelernt. Obgleich ich viele tausend Gespräche von Kursteilnehmern und -teilnehmerinnen (neben meinen eigenen) ausgewertet habe, fand ich darunter keine zwei, die identisch gewesen wären. Jedes Gespräch hatte seine eigene Note. Wie die Blätter eines großen Baumes alle verschieden sind, so unterscheiden sich seelsorgerliche Gespräche. Wenn ich in diesem Buch verschiedene Gespräche vorgestellt und besprochen habe, dann, weil mir diese Gespräche exemplarisch erschienen und ich hoffte, daß die Leser und Leserinnen an eigene Erfahrungen erinnert würden, damit ihnen auf diese Weise die jeweilige Thematik möglichst konkret wird. Niemand aber wird darunter ein Gespräch finden, das einem von ihm geführten gleicht. Über die Frage, wie wir Seelsorge erlernen können, werden wir also kaum hinauskommen.

Unter Supervision werden wir aufgefordert, von eigenen Erfahrungen zu berichten. Besonders hilfreich sind dafür Gedächtnisprotokolle, die wir von unseren Gesprächen aufzeichnen. Sie eignen sich deshalb besonders, weil sie Kommunikationsstrukturen deutlich werden lassen, auch wenn die Erinnerung die genauen Worte nicht immer wiedergeben kann. Selbst die Gedächtnislücken haben ihren Sinn: Sie zeigen an, an welchen Stellen der Gesprächsfaden riß – diese Stellen sind von besonderem Interesse.

Damit wird schon deutlich, daß es nicht darum gehen kann, Gespräche, die wir für besonders gelungen halten oder wo uns unser Gedächtnis kaum im Stich gelassen hat, aufzuzeichnen und vorzulegen, sondern vielmehr Gespräche, nach denen wir ein „ungutes" Gefühl hatten. Wir haben unseren Gesprächspartner oder unsere Gesprächspartnerin nicht ganz verstanden. Oder wir begreifen nicht, warum wir in diesem Gespräch unversehens so (unkontrolliert) reagiert haben. Wir merken, daß wir ärgerlich sind und wissen nicht, warum.

Wir spüren vor allem die Störungen in der Kommunikation intuitiv. Nur über die „Stolpersteine", hinter die wir noch einmal zurückgehen können, um sie genauer zu besehen, um dann das nächste Mal vielleicht ohne Anstoß über sie hinweggehen können, nähern wir uns dem, was Kommunikation und Seelsorge meint. Wir nähern uns ihnen also gleichsam „via negationis". Wir hatten ja gesagt, daß uns eine direkte Annäherung versagt bleibt. Hier liegt auch der tiefste Grund, weshalb uns die Kategorien „schlecht" und „gut" beim Erlernen von Seelsorge hoffnungslos blockieren.

Eine Gesprächsanalyse ist dann gelungen, wenn ich meinen Gesprächspartner besser verstanden habe, und wenn ich auch mich selber in meinen Gefühlen und Reaktionen während des Gesprächs besser verstehe. Ein vollkommenes Verstehen ist, was andere Menschen und auch mich selber betrifft, nicht möglich. Wir können immer nur annäherungsweise verstehen. Das zu beachten ist für Seelsorger und Seelsorgerinnen wichtig. Wenn wir zu oft sagen: Das verstehe ich, oder: Das kann ich verstehen, bekommt unser Gesprächspartner das Gefühl, daß wir seine Situation, die seine ganz persönliche und auf diese Weise einmalige Situation ist, nicht ernstnehmen. Wenn wir bislang von einer Krebserkrankung verschont geblieben sind, dann können wir einen Krebspatienten oder eine Krebspatientin nie ganz verstehen! Das wird übrigens auch nicht von uns erwartet. Im Gegenteil: Ein Kranker hat das Bedürfnis, daß die Distanz zwischen ihm und dem Seelsorger und der Seelsorgerin gewahrt bleibt.

Wir haben schon gesagt, daß für dies Erlernen der Seelsorge eine Gruppe von Kollegen und Kolleginnen sehr hilfreich ist. Meine eigenen Erfahrungen, die ja immer nur vereinzelte Erfahrungen sein können, werden durch die Erfahrungen der anderen Gruppenmitglieder aus dem Bereich des Zufälligen herausgehoben und gewinnen an Gewicht. Einem einzelnen Seelsorger wäre es zum Beispiel nie gelungen, das Phänomen der Krisensprache oder „die Sprache der Sterbenden" zu entdecken. Wenn während einer Gesprächsanalyse mehrere aus der Gruppe sagen können: Ich habe da ähnliches erlebt, wissen wir, daß wir auf ein Phänomen von allgemeiner Bedeutung gestoßen sind und können uns daran machen, es zu deuten.

Aber das ist nicht die einzige Bedeutung der Gruppe für das Erlernen. Bei einer Gesprächsanalyse identifizieren sich immer mehrere Gruppenmitglieder mit dem Gesprächspartner oder der Gesprächspartnerin des Seelsorgers/der Seelsorgerin, und sie können ihm und ihr dann sagen, wie sie ihn oder sie in ihrer Seelsorge erleben. Es gilt die Regel: Was ich gesagt habe, erfahre ich erst durch die Resonanz, die ich darauf erhalte. Da kann es dann zu schmerzhaften Überraschungen kommen. Eigentlich wollte ich nämlich genau das Gegenteil von dem sagen, wie es beim anderen (auch bei dem Patienten!) angekommen ist.

190

Zu ertragen sind solche Erfahrungen, wenn die Gruppe zu einer Seelsorgegruppe geworden ist, die das Wechselgespräch und die Tröstung der Brüder und Schwestern eingeübt hat. Das gilt insbesondere dann, wenn wir zu erfahren wünschen, welche Persönlichkeitsstruktur wir haben.[4] Das kann ich kaum für mich alleine herausfinden. Dazu brauche ich Mitmenschen, die mir sagen, wie sie mich erleben. Auch dafür sind Mentor und Mentorin (Supervisor und Supervisorin) hilfreich. Sie sorgen dafür, daß ich nicht zu sehr gekränkt werde, wenn es da zu Überraschungen kommt. Für meine Seelsorge ist es wichtig, zu wissen, welch eine Persönlichkeitsstruktur ich in meine Gespräche hineintrage. Auch, wenn es mich entlastet, wenn ich erkenne, daß ich nicht alleine die Verantwortung für ein Seelsorgegespräch trage, sondern in gleichem Maß auch meine Gesprächspartner, so sollte ich meinen Anteil an der Verantwortung doch möglichst differenziert wahrnehmen.

Hilfreich für das Erlernen von Seelsorge ist auch zu erkennen, inwiefern unsere Biographie unsere Theologie und unsere Seelsorge mit beeinflußt. Was hat mich bewogen, Theologie zu studieren oder die Laufbahn eines Diakons oder einer Diakonin einzuschlagen? Was motiviert mich, ehrenamtliche Mitarbeiterin in der Krankenhausseelsorge oder ehrenamtlicher Mitarbeiter in der Telefonseelsorge zu werden? Meine Motive – die ich mir bislang vielleicht gar nicht bewußt gemacht habe – bringe ich mit in meine Gespräche ein. Auch hier werde ich gewahr, daß es keine objektive Theologie und keine objektive Seelsorge gibt. Das kann mir helfen, den Glauben und die Theologie meiner Gesprächspartner zu achten, auch wenn ich mich an diesem Punkt von ihnen unterscheide.

---

4 Vgl. Fritz Riemann, Die Persönlichkeit des Predigers aus tiefenpsychologischer Sicht, in: Richard Riess (Hg.), Perspektiven der Pastoralpsychologie, Göttingen 1974, 152 ff. Dieser Aufsatz gründet auf das hilfreiche Buch desselben Autors: Grundformen der Angst. Eine tiefenpsychologische Studie, München–Basel [8]1973.
Vgl. dazu auch meinen Aufsatz: Einflüsse psychischer Strukturen auf Predigt und Seelsorge, in: Evang. Theologie 35, 1975, Heft 1 „Seelsorge und Beratung", 60 ff.

In dem Kapitel *Trost zwischen Sym-pathie und Provo-kation* habe ich deutlich zu machen versucht, wie meine Biographie und meine Theologie miteinander verwoben sind. Ich möchte das zum Schluß noch ein wenig ergänzen.

Das Bild, das ich als Jugendlicher von einem Pastor bekam, stammt von meinem Konfirmator. Abgesehen von seinen Gottesdiensten ging er treppauf – treppab in die Häuser und tröstete Menschen, deren Angehörige im Krieg getötet worden waren. Auch in unser Haus kam er aus diesem Grunde. So stellte ich mir einen Pastor vor.

Also machte ich in meiner ersten Gemeinde den Hausbesuch zum Schwerpunkt meiner Gemeindearbeit. Aber wie enttäuscht war ich, als ich bemerkte, daß niemand meinen Trost haben wollte! Und als mich eine Patientin, deren Arzt mich gebeten hatte, sie zu besuchen, maßlos beschimpfte, so daß ich mich rückwärts wieder zur Tür hinaustastete – ich hörte noch, daß sie mit leiserer Stimme sagte, ich sollte doch noch einmal wiederkommen; ich bin nicht wieder hingegangen, einige Tage später war die Frau verstorben –, geriet ich in eine tiefe Krise, was meinen Beruf und mein Amt betraf. Ich sah keinen Sinn mehr in meinem Tun.

Da bekam ich die Chance, in den Niederlanden einen Kurs *Klinische Seelsorgeausbildung* mitzumachen. Ich konnte meine Not in der Gruppe sagen, und ich erlebte Seelsorge. Einigen aus der Gruppe erging es ähnlich wie mir. Die Kollegen und Kolleginnen ertrugen mich in meiner Krise. Sie versuchten nicht, mir meine Not auszureden. Ebenso gaben sie mir keine Ratschläge, wie ich es nun machen sollte. Und ich lernte in dieser Gruppe, meine seelsorgerlichen Kontakte zu reflektieren und das, was in meinen Gesprächen geschah (auch die Aggression der sterbenden Frau), ein wenig besser zu verstehen.

Dieser Kurs fand in einer psychiatrischen Klinik statt. Ich sprach mit einem Patienten, der seit über 20 Jahren in der Klinik lebte. Er war schizophren und hatte keinen Kontakt mehr, weder zu seinen Mitpatienten noch zum Pflegepersonal oder zu den Ärzten. Auch die Seelsorger hatten keinerlei Zugang zu ihm. Mit mir ließ er sich ein. Denn mein Name erinnerte ihn an die Begegnung mit einem Professor gleichen Namens vor seiner Erkrankung. Damals studierte er Theologie. Von dem, was er mir sagte, habe ich kaum etwas verstanden. Es erschien mir ein völliges Durcheinander, ohne Sinn und Verstand. So erzählte er mir beispielsweise, daß er seine Bibel verloren habe, aber mein Angebot, ihm eine neue zu beschaffen, lehnte er rigoros ab.

In der Nacht wachte ich auf und fand unversehens ein Stückchen Struktur in dem Gespräch, so daß ich ein Protokoll davon machen konnte. Mein Supervisor und die Gruppe halfen mir, den Patienten ein wenig zu verstehen. So verstand ich, daß er mir mit dem Verlust seiner Bibel den Verlust seiner Identität erzählt hat.

Diese Geschichte hat noch eine Fortsetzung. Etwa ein Jahr nach dem Kurs machte ich mit meiner Frau in den Niederlanden einen Urlaub. Wir parkten unser Auto auf einem großen Parkplatz vor einem Restaurant und sahen, wie eine Gruppe von Menschen – man konnte sehen, daß es offenbar psychisch Behinderte waren – das Restaurant gerade verließ und in einen Bus einstieg. Einer von ihnen löste sich aus der Gruppe und kam auf uns zu. Dabei mußte er den großen, leeren Platz überqueren. Es war dieser schizophrene Patient, mit dem ich nach dem geschilderten Gespräch keinen Kontakt mehr gehabt hatte. Nun sprach er mich mit meinem Namen an. (Normalerweise löst sich ein schizophrener Patient, der schon so lange krank ist, nicht aus seiner Gruppe, er überquert nicht allein einen großen Platz und spricht niemanden von sich aus spontan an.)

Von diesem Patienten habe ich ein unerschütterliches Vertrauen in die mitmenschliche Kommunikation erlernt, in der ich nicht einmal alles verstehen muß, was mein Gesprächspartner mir sagt. Mir ist aufgegangen, daß es überhaupt meine Gesprächspartner sind, die mich Seelsorge erlernen lassen. Sie sind es, die mich und meine Seelsorge herausfordern. Das hat sich beispielsweise in dem Kapitel *Krankheit und Schuld* niedergeschlagen. Aber ich habe auch Protokolle, die Kursteilnehmer und -teilnehmerinnen einbrachten, als Herausforderung erlebt. In den meisten Kapiteln werden Seelsorgegespräche vorgestellt, welche die Gruppe zu Reflexionen provozierte, damit sie den Seelsorger oder die Seelsorgerin, oder ihre Gesprächspartner besser verstehen konnte. Das führte dann wie von selbst zu theologischen Folgerungen.

So lernten wir mittels unserer Erfahrungen Theologie. Und dies Erlernen ist noch nicht abgeschlossen.[5]

---

5 Vgl. zum ganzen: Alfred Dedo Müller, Ist Seelsorge lehrbar? in: Ernst-Rüdiger Kiesow und Joachim Scharfenberg (Hg.), Forschung und Erfahrung im Dienst der Seelsorge, Festgabe für Otto Haendler zum 70. Geburtstag, Göttingen 1961, 71 ff. und mein Buch: Kommunizieren lernen in Seelsorge und Predigt, Ein pastoraltheologisches Modell, Göttingen 1981.

Nachweise der Erstveröffentlichungen

1. Unter der Überschrift: Krankenhaus- und Krankenseelsorge vor hundert Jahren am Beispiel von Johannes Samuel Büttner, in: W. Helbig (Hg.), Neue Wege, alte Ziele. 125 Jahre Henriettenstiftung Hannover, Hannover 1985, 161 ff.

2. Kurier der Landessynode der Ev.-luth. Landeskirche in Braunschweig, 17. Jahrgang Nr. 1/1988. Dann im Deutschen Pfarrblatt 89/1989, 176 ff.

3. Amtsblatt der Evang.-luth. Landeskirche Sachsens 1985, Nr. 5 und 6. Verkürzt in: Lutherische Monatshefte 23/1984, 268 ff.

4. Unter der Überschrift: Theologie des Kreuzes in Seelsorge und Diakonie, zunächst in der Dokumentation des Ev.-Luth. Kirchenamts Hannover: Die Theologie des Kreuzes und die Gestalt der Kirche, IX. Konsultation „Kirchenleitung und wissenschaftliche Theologie" (Sept. 1991), Hannover 1992; dann erweitert in: Theologisches geschenkt, Festschrift f. Manfred Josuttis, hg. v. Christoph Bizer u.a., Bovenden 1996, 374 ff.

5. Unter der Überschrift: Macht und Ohnmacht. Die Frage nach dem Proprium der Seelsorge, in: Wege zum Menschen 34/1982, 291 ff.

6. Wege zum Menschen 33/1981, 386 ff.

7. Unter der Überschrift: Wenn Leiden mich trifft. Leid und biblische Botschaft im seelsorgerlichen Gespräch, in: Diakonie 10/1984, Heft 1, 15 ff.

8. Der Arzt, der in die Kirche kam. Festschrift f. Karl Horst Wrage zum 60. Geburtstag, hg. v. Hans Werner Dannowski und Klaus Winkler, Hannover 1986, 101 ff.

9. Unter der Überschrift: Zur Frage nach Krankheit und Schuld in der Seelsorge, in: Richard Riess (Hg.), Wenn der Dornbusch brennt, Beiträge zum Pfarrerberuf, Festgabe f. Dieter Voll, Claudius Verlag, München 1989, 86 ff.

10. Unter der Überschrift: Die im Rücken Gottes schreien, in: Diakonie, Sondernummer 7, März 1983, 40 ff.

11. Leiblichkeit ist das Ende der Werke Gottes. Festschrift f. Dietrich Stollberg zum 60. Geburtstag, hg. v. Michael Klessmann und Irmhild Liebau, Göttingen 1997, 37 ff.

12. Unter der Überschrift: Der Seelsorger als Betreuer des sterbenden Mitmenschen und seiner Familie, in: J.-Chr. Student (Hg.), Das Hospiz-Buch, Freiburg/Br., 3. akt. u. erg. Auflage 1994, 73 ff.

13. Christophorus-Hospiz-Verein München (Hg.), Pflegen bis zuletzt, München 1989, 106 ff.

14. Unter der Überschrift: Die Kunst, fallen zu lassen. Martin Luthers Bereitung zum Sterben, in: Lutherische Monatshefte 35/1996, 30 ff.

15. Berührung. Erfahrungen mit Seelsorge, R. Miethner zum 60. Geburtstag, hg. v. M. Ferel, Frankfurt/M. 1989, 151 ff.

16. Sehr viel ausführlicher ist dieser Aufsatz als Vortrag abgedruckt in: Die Zeichen der Zeit 2/1998, S. 55 ff.

Abbildungsverzeichnis

Hans-Christoph Piper

Gesprächsanalysen
6. Auflage 1994. 120 Seiten, kart.
ISBN 3-525-62157-4

„Das Buch veranschaulicht die Konzeption des nicht-direktiven Gesprächs. Sowohl als Lehrmaterial für poimenische Seminare als auch zur Selbstkontrolle für alle, die das seelsorgerliche Gespräch üben, ist das Buch zu empfehlen."
Theologische Literaturzeitung

Predigtanalysen
Kommunikation und Kommunikationsstörungen in der Predigt. 1976. 136 Seiten, kart. (Koproduktion mit Herder Wien). ISBN 3-525-60240-5

Wie erleben Gottesdienstbesucher die Predigt? Was erreicht sie von dem, was der Prediger vermitteln wollte? Dieses Buch konfrontiert erstmalig Predigten mit unmittelbaren Hörerreaktionen, um so die Ursachen für die vielfältigen Kommunikationsstörungen zwischen Prediger und Hörer aufzuzeigen.

Der Hausbesuch des Pfarrers
Hilfen für die Praxis. Mit einem Beitrag von Eleonore Olszowi. 2., erw. Auflage 1988. 169 Seiten, kart. ISBN 3-525-62315-1

Gespräche mit Sterbenden
4. Auflage 1990. 169 Seiten, kart.
ISBN 3-525-62187-6

„In einer didaktisch gelungenen Art und einer gut verständlichen, stark berührenden Sprache präsentiert der Autor fünfzehn Protokolle von Gesprächen mit Sterbenden in den verschiedenen Stadien ihres Weges von den ersten Ahnungen bis zur vollen Gewißheit des nahen Endes. Es handelt sich bei diesem Buch um eine Hilfe zum besseren Einfühlen und für die Begleitung Sterbender."
Prof. Dr. med. H. Freyberger, Med. Hochschule Hannover

Ida Piper/ Hans-Christoph Piper
Schwestern reden mit Patienten
Ein Arbeitsbuch für Pflegeberufe im Krankenhaus. 6., erw. Auflage 1993. 122 Seiten, kart.
ISBN 3-525-62332-1

V&R
Vandenhoeck
& Ruprecht

Arbeitsfelder der Seelsorge

Jörg Wieners (Hg.)
**Handbuch der
Telefonseelsorge**
1995. 272 Seiten mit 5 Abb. und
6 Tab., kart.
ISBN 3-525-62348-8

Die Beiträge dieses Bandes
behandeln Entstehung, Selbstverständnis, Arbeitsweise und
Organisation der Telefonseelsorge (TS) auf lokaler und auf
Bundesebene. Nach der Be-
schreibung komplementärer
Dienste (Krisenberatungsstellen)
schließt sich ein Lexikonteil an:
wichtige Grundlagenpapiere,
eine Zeittafel sowie eine Liste
der TS-Stellen mit Postadressen
in Deutschland, Österreich, der
Schweiz, Luxemburg und
Straßburg.

Michael Klessmann
**Handbuch der
Krankenhausseelsorge**
1996. 295 Seiten, kart.
ISBN 3-525-62347-X

Der Band umreißt die Bedeutung der Seelsorge für Patient/
innen, für deren Bewältigung
von Krankheit und Leiden oder
auch Sterben, aber auch ihre
Bedeutung für das Personal des
Krankenhauses.

Wolfgang Wiedemann
**Krankenhausseelsorge und
verrückte Reaktionen**
Das Heilsame an psychotischer
Konfliktbewältigung. 1995.
197 Seiten mit 1 Abb., kart.
ISBN 3-525-45785-5

Selbst widersinniges Verhalten
im Krankenhaus kann einen
tieferen Sinn haben, der von der
Seelsorge erkannt werden sollte.

Anne M. Steinmeier
**Wiedergeboren zur
Freiheit**
Skizzen eines Dialogs zwischen
Theologie und Psychoanalyse zur
Begründung des seelsorglichen
Gesprächs. (Arbeiten zur Pastoral-
theologie 33). 1998. 220 Seiten,
kart. ISBN 3-525-62355-0

Das Buch fragt nach Freiheit
als Inbegriff von Selbstwerdung
im Horizont dessen, was unter
Gott gedacht und als Gottes-
wirklichkeit erfahren und verstanden werden kann.

V&R
Vandenhoeck
& Ruprecht